Mona Köppen

Mobile Office und flexible Arbeitszeiten

Welche neuen Anforderungen ergeben sich für die Führung?

Bibliografische Information der Deutschen Nationalbibliothek:

Die Deutsche Nationalbibliothek verzeichnet diese Publikation in der Deutschen Nationalbibliografie; detaillierte bibliografische Daten sind im Internet über http://dnb.d-nb.de abrufbar.

Impressum:

Copyright © Studylab

Ein Imprint der Open Publishing GmbH

Druck und Bindung: Books on Demand GmbH, Norderstedt, Germany

Coverbild: Open Publishing GmbH | Freepik.com | Flaticon.com | ei8htz

Inhaltsverzeichnis

Abkürzungsverzeichnis

Abb.   Abbildung

IKT   Informations- und Kommunikationstechnologien

Abbildungsverzeichnis

Tabellenverzeichnis

1 Einleitung

Wir leben in einem Umfeld, in dem sich strukturierende und begrenzende Arbeitsbedingungen zunehmend in einem Auflösungsprozess befinden. „Büro ist bald immer. Überall. Zu jeder Zeit."[1] Die Entgrenzung der Arbeit bezieht sich damit sowohl auf die zeitliche, als auch auf die örtliche Entgrenzung von Arbeitsstrukturen. In den vergangenen Jahren hat sich der Arbeitsalltag verändert und es ist davon auszugehen, dass sich der Flexibilisierungstrend weiter fortsetzen bzw. verstärken wird. Starre Arbeitszeiten und ein fester Arbeitsplatz gehören in vielen Unternehmen bereits der Vergangenheit an.

Einen gravierenden Anteil daran trägt die Digitalisierung, durch die flexible Arbeitsstrukturen besonders in den letzten Jahren immer weiter vorangetrieben wurden. In vielen Unternehmen hat sich das sogenannte „Mobile Office" – das ortsunabhängige Arbeiten – bereits als mögliche Arbeitsform durchgesetzt. So ist es nicht mehr nötig täglich physisch im Büro anwesend zu sein, sondern es besteht die Möglichkeit die Arbeit z. B. im Homeoffice zu leisten. Diese Entwicklungen bieten den Mitarbeitern[2] mehr Freiheit und insbesondere junge Menschen fordern diese flexiblen Möglichkeiten immer häufiger ein. Eine Folge der Flexibilisierung ist jedoch auch, dass die Grenzen zwischen Arbeits- und Privatleben immer mehr verschwimmen. In diesem Zusammenhang müssen Unternehmen darauf achten, dass effektiv mit den Veränderungen in der komplexen Arbeitswelt umgegangen wird. Die Digitalisierung bietet zweifelsohne viele Möglichkeiten die Organisation der Arbeit zu optimieren. Hier werden insbesondere die Führungskräfte herausgefordert. Führung muss sich den flexiblen und mobilen Strukturen anpassen, was zur Folge hat, dass klassische Führungsmodelle und Anreizsysteme überdacht werden müssen. Um Mitarbeiter auch in Zukunft effektiv und effizient zu steuern, sollten sich Führungskräfte auf die veränderten Bedingungen einstellen.

---

[1] https://www.welt.de/debatte/kommentare/article13410088/Wir-sind-bald-immer-und-ueberall-im-Buero.html, letzter Zugriff am 05.11.2016.

[2] Aus Vereinfachungsgründen wird in dieser Arbeit die männliche Form gewählt. Die weibliche Form ist hierbei eingeschlossen.

1.1 Ziel der Arbeit

Inspiriert wurde die Themenwahl dieser Arbeit durch die aktuellen Entwicklungen bei der Serviceplan Gruppe. Die inhabergeführte Werbeagentur hat den Flexibilisierungstrend erkannt und im Juli 2016 ein neues Arbeitsmodell eingeführt, welches für mehr Freiheiten bezüglich der Arbeitsgestaltung sorgen soll. Aufgrund der beschriebenen Problemstellung ist das Ziel dieser Arbeit der Frage nachzugehen, welche Herausforderungen die sich ändernde Arbeitswelt an die Führungsebene stellt. Mit der Flexibilisierung wird die Übersicht schwieriger: Was müssen Führungskräfte beachten, wenn sie Teams führen sollen, die immer seltener gemeinsam im Büro sind und in denen zu einigen Teammitgliedern nicht immer ein persönlicher Kontakt möglich ist? Was haben die räumliche und zeitliche Entgrenzung für einen Einfluss auf die Führung? Inwieweit können Führungstheorien einen Beitrag zur Optimierung der Führung beitragen und inwiefern können Modelle an die neuen Gegebenheiten angepasst werden?

In dieser Arbeit sollen Antworten auf diese Fragen gefunden werden. Mithilfe einer umfassenden Literaturrecherche, in der unter anderem Führungstheorien und erweiterte Führungsmodelle aus dem Digitalisierungszeitalter aufgegriffen werden, sowie unter Einbezug qualitativer Interviews mit Führungskräften der Serviceplan Gruppe, sollen Führungskompetenzen für die Zukunft ermittelt und Handlungsempfehlungen für die Führungskräfteentwicklung gegeben werden.

1.2 Aufbau der Arbeit

Im folgenden Kapitel sollen zunächst Erkenntnisse aus der Führungsforschung dargestellt werden, um einen Überblick zu bekommen, welche verschiedenen Herangehensweisen es zum Thema Führung gibt. Anschließend wird gezeigt, was unter der Entgrenzung von Arbeit im Einzelnen zu verstehen ist. Aufbauend auf den historischen Entwicklungen zum Thema Arbeits- und Privatleben, soll dargelegt werden, was mit räumlicher und zeitlicher Entgrenzung gemeint ist und welche Änderungen sich daraus in der Arbeitsgestaltung und im Arbeitsablauf ergeben.

In Kapitel 4 werden die Themen Führung und Entgrenzung zusammengeführt und analysiert, welche Herausforderungen sich durch die veränderten Bedingungen für die Führungskräfte ergeben. Darüber hinaus werden aktuelle Führungsmodelle vorgestellt, die den Einfluss der Digitalisierung einbeziehen. Kapitel 5 stellt einen Bezug zur Praxis her, indem das flexible Arbeitsmodell der

Serviceplan Gruppe vorgestellt und mit den Erkenntnissen aus der Literaturrecherche in Zusammenhang gebracht wird. Kern des Kapitels ist eine Führungskräftebefragung, die Aufschluss darüber geben soll, wie die Herausforderungen individuell wahrgenommen werden. In Kapitel 6 werden schließlich Handlungsempfehlungen aus den Rechercheergebnissen abgeleitet. Es werden Führungskompetenzen der Zukunft herausgefiltert und Hinweise für die Führungskräfteentwicklung in der Praxis gegeben. Hierbei wird außerdem darauf eingegangen, welchen Beitrag die Personalentwicklung zu einer positiven Entwicklung leisten kann. Die Arbeit schließt mit einer Zusammenfassung sowie einem Ausblick auf noch offene Fragestellungen ab.

2 Grundlagen der Führung

In diesem Kapitel wird ein umfassender Überblick zum Thema Führung gegeben. Dieses ist sehr komplex, weshalb viele verschieden Ansätze und Definitionen von Führung existieren. Allein schon aufgrund der Tatsache, dass sich verschiedene wissenschaftliche Disziplinen mit dem Thema auseinandersetzen, gibt es keine einheitliche Definition von Führung.[3] In der Literatur ist auch von einer „Interdisziplin Personalmanagement bzw. Mitarbeiterführung"[4] die Rede.

Um ein Bild davon zu bekommen, was unter Führung zu verstehen ist, werden als Grundlage zunächst die Ziele von klassischer Unternehmensführung aufgezeigt. Anschließend werden Führungsansätze in einem historischen Verlauf betrachtet. Diese sind sehr vielfältig und haben sich im Laufe der Zeit grundlegend gewandelt. Es kann festgestellt werden, dass es keine Patentrezepte oder eine einheitliche Theorie der Mitarbeiterführung gibt, sich jedoch viele Anregungen und Einsichten für einen erhöhten Führungserfolg gewinnen lassen, wenn man die Fülle der wissenschaftlichen Erkenntnisse näher betrachtet.[5]

Ein besonderes Augenmerk erfährt das Konzept der transformationalen Führung. Dieser Ansatz ist deshalb so besonders und soll hervorgehoben werden, weil er die Führungsforschung in den vergangenen 30 Jahren revolutioniert und zentral geprägt hat. Zudem sorgen globale Veränderungen, Unsicherheiten und Herausforderungen politischer, wirtschaftlicher und sozialer Natur für ein gesteigertes Interesse an diesem Konzept.[6] In Bezug auf die Fragestellung dieser Arbeit scheint der Ansatz daher eine gute Basis zu bilden.

2.1 Ziele von Führung

Warum braucht ein Unternehmen Führung? Jedes Unternehmen hat Ziele, in der Regel vor allem die Gewinnoptimierung. Sämtliche Tätigkeiten müssen entsprechend geplant, koordiniert und kontrolliert werden, damit die zuvor gesetzten Ziele erreicht werden können. Führung ist damit sachlich notwendig: Da Unternehmen arbeitsteilig gegliedert sind, müssen die Aufgaben der einzelnen

---

3 Vgl. Au 2016: 4.
4 Conrad 2015: 22.
5 Vgl. ebd.: 8.
6 Vgl. Furtner 2016: 17.

Mitarbeiter sinnvoll aufeinander abgestimmt werden. Um dies zu erreichen, ist eine Führung mit ganzheitlichen Denkweisen, Überblick und Übersicht im Sinne des Unternehmensganzen notwendig.[7] Neben der sachlichen Notwendigkeit ist der Machtaspekt zu nennen. Dieser ist nötig, damit Führungspersonen Entscheidungsmacht bekommen, um z. B. Konflikte regeln zu können.[8] Demnach müssen Menschen geführt werden, da sie sonst ihre Sonderinteressen durchsetzen und somit dem Gesamten schaden könnten.[9] Schließlich ist Führung motivational nötig, damit Mitarbeiter Rückmeldung in Form von Unterstützung und Ermunterung bekommen, um ihre Tätigkeiten ggf. zu korrigieren.[10] Zusammenfassend kann man die Funktionen der Führung als Lokomotionsfunktion (Erfüllung der Sachziele) und Kohäsionsfunktion (Förderung des Zusammenhalts und der Loyalität innerhalb der Gruppe) bezeichnen.[11]

Bei der Mitarbeiterführung geht es um den zentralen Aspekt der sozialen Beeinflussung sowie auch um Kontrolle, damit die Geführten ihr Verhalten zielgerichtet ausführen oder verändern. Sie findet immer mithilfe von Kommunikation und Interaktion zwischen der Führungskraft und den Geführten statt.[12] Conrad (2015) nennt als Kern der Mitarbeiterführung die Beeinflussung der Einstellungen und Verhaltensweisen sowohl von Einzelnen als auch in und zwischen Gruppen, damit bestimmte Ziele erreicht werden können.[13] Rosenstiel (2014) differenziert außerdem zwischen Führung durch Strukturen (z. B. Organigramme, Stellenbeschreibungen, finanzielle und nicht-finanzielle Anreizsysteme) und Führung durch Menschen.[14] Aufgrund der Schnelllebigkeit sieht er die flexible Führung durch Menschen als gewichtiger an. Darüber hinaus beeinflussen Menschen das Einhalten der Organisationsstrukturen.[15] Die direkte Führung durch Menschen hat Einfluss auf die Umsetzung struktureller Führungsziele, bzw. werden diese dadurch überhaupt erst umsetzbar. Aus diesem

---

[7] Vgl. Bea et al. 2001, zitiert nach Conrad 2015: 28.

[8] Vgl. Conrad 2015: 21 f.

[9] Vgl. ebd.: 30.

[10] Vgl. ebd.: 21.

[11] Vgl. Jung 2011: 411 f.

[12] Vgl. Hentze/ Graf 2005: 261.

[13] Vgl. Conrad 2015: 21.

[14] Vgl. Rosenstiel 2014: 3.

[15] Vgl. ebd.: 4.

Grund sollte Mitarbeiterführung als Aufgabe von Vorgesetzten sehr ernst genommen und nicht nur nebensächlich behandelt werden.

Um einen reibungslosen Arbeitsablauf zu gewährleisten, ergeben sich daraus bestimmte Aufgaben für Führungskräfte. Sie sind dafür verantwortlich, dass übergeordnete Unternehmensziele feingesteuert und gezielt von Mitarbeitern übernommen werden. Bei der direkten Mitarbeiterführung können laut Wunderer (2011) fünf Aufgabenfelder unterschieden werden[16]:

- Wahrnehmen, analysieren und reflektieren: Vorgaben von der Unternehmensleitung müssen auf Unternehmens-, Bereichs- und Stellenziele zerlegt werden.

- Informieren, kommunizieren und konsultieren: Mitarbeiter sollen ständig aktuelle Informationen erhalten und einbezogen werden.

- Motivieren und identifizieren: Mitarbeiter müssen durch Anreize motiviert werden. Die Motivationspalette ist vielfältig – von Gehaltserhöhungen über Betriebssport bis hin zur Erweiterung des Aufgabenfeldes.

- Entscheiden, koordinieren, kooperieren und delegieren: Führungskräfte müssen Entscheidungen treffen und festlegen, wer welche Verantwortungsbereiche hat.

- Entwickeln, evaluieren und gratifizieren: Führungskräfte müssen ihren Mitarbeitern Entwicklungsperspektiven bieten, ihnen Lernmöglichkeiten aufzeigen und sie bei der Entwicklung unterstützen.

Im Folgenden werden Führungsansätze und -theorien vorgestellt, um einen Rahmen zu schaffen das Konstrukt Führung besser zu verstehen und einen Einblick zu bekommen, welche Möglichkeiten es für eine Führungskraft geben kann, ihre Führung effizienter gestalten zu können. Das Ziel der Theorien ist die „Beschreibung, Erklärung und – wenn möglich – Vorhersage der Bedingungen, Potenziale, Strukturen, Prozesse und Konsequenzen von Führung"[17]. An dieser Stelle sei angemerkt, dass Führung nicht alleinverantwortlich für den Erfolg eines Unternehmens ist, sondern nur eine von vielen betrieblichen Bedingungen bildet, um den wirtschaftlichen Erfolg zu beeinflussen.[18]

---

[16] Vgl. Wunderer 2011: 10 f.
[17] Berthel 2013: 184.
[18] Vgl. Conrad 2015: 26.

2.2 Überblick zur Führungsforschungshistorie

Das Phänomen Führung beschäftigt die Wissenschaft schon viele Jahre und wie wir wissen, gibt es (bisher) kein Konzept für die ideale Führung. Die Herangehensweise an das Thema Führung hat sich im Laufe der Zeit stark gewandelt. Für das bessere Verständnis wird daher ein kurzer historischer Abriss aufgezeigt, bevor die traditionellen Führungsansätze sowie das Konzept der transformationalen Führung detaillierter vorgestellt werden.

Zu Beginn des 20. Jahrhunderts beschäftigte sich F. W. Taylor mit der Frage der Effizienzsteigerung bei körperlicher Arbeit.[19] Er verfolgte das Ziel, möglichst viel Leistung aus den Mitarbeitern herauszuholen und wollte Arbeitsplätze so gestalten, dass mit minimalem Aufwand möglichst viel Leistung erbracht werden kann. Das führte zur Zergliederung der Arbeitstätigkeit. Der Lohn bemaß sich nach der Anzahl der Teilprodukte, sodass angenommen wurde, dass ein direkter Zusammenhang zwischen Leistung und Entlohnung bestand. Taylor (1911) ging davon aus, dass ausschließlich ökonomische Anreize die Leistungsbereitschaft ankurbelten.[20] Fragwürdig an diesem Konzept war jedoch, was dies für die Gesundheit, Selbstentfaltung und Motivation der Mitarbeiter bedeutet, so dass es nach und nach zu Kritik an diesem System kam.[21]

Auf den Taylorismus folgte die Human-Relations-Bewegung, die ihren Ursprung in den „Hawthorne-Untersuchungen" hatte, in denen erforscht wurde, welchen Einfluss die Änderung bestimmter Rahmenbedingungen auf die Arbeitsleistung hat. Es wurde festgestellt, dass diese unabhängig von den variierenden Arbeitsbedingungen zunahm, was man auf die freundliche Atmosphäre (erzeugt durch den Versuchsleiter) zurückführte. Die Schlussfolgerung war, dass eine erhöhte Arbeitszufriedenheit und Leistungssteigerung durch die verbesserten zwischenmenschlichen Beziehungen ermöglicht wurde.[22]

Diese Überlegungen führten zu weiteren Forschungen zum Thema Führung und Motivation. Hier sei bspw. die „Theorie Y" von McGregor genannt, in der er davon ausgeht, dass der Mensch nach Verantwortung strebe und sich durch selbst gesetzte Ziele motivieren und lenken lasse. Mit einem Führungsstil, in dem der

---

[19] Vgl. Schuler 2004: 61.
[20] Vgl. Taylor 1911.
[21] Vgl. Schuler 2004: 61.
[22] Vgl. ebd.: 41.

Vorgesetzte als Berater und Experte fungiert, solle die Effizienz steigen. Seine Empfehlung: Den Mitarbeiter in Entscheidungen einbeziehen und Verantwortlichkeiten delegieren. Diese Theorie erlangte große Popularität, war jedoch weniger als wissenschaftliche Theorie erachtet, als vielmehr als ein humanistischer und normativer Ansatz.[23] Deutlich wird hier jedoch, dass es immer mehr auf die Beziehung zwischen Führungsperson und Geführten ankam. Dieser Aspekt war Bestandteil der weiteren Forschung.

Seit den fünfziger Jahren des vergangenen Jahrhunderts existiert eine umfassende und systematische Führungsforschung. Zuvor gab es bereits vereinzelte Studien zu Persönlichkeit und Eigenschaften eines Führers.[24] Dieser sogenannte personenorientierte Ansatz wird nachfolgend als erster von drei traditionellen Führungsansätzen vorgestellt. Anschließend werden verhaltensorientierte Theorien aufgezeigt, die der Annahme folgen, dass Führungserfolg von einem konkreten Verhalten der Führungskraft abhängt. Als drittes Führungskonzept wird der situationsorientierte Ansatz aufgeführt, nach dem je nach Situation ein spezieller Führungsstil notwendig ist. Das Merkmal dieser traditionellen Führungsansätze liegt im Fokus auf einzelne Variablen.

2.2.1 Personenorientierte Führungsansätze

Personenzentrierte Führungsansätze fokussieren auf Eigenschaften und zum Teil auf entwickelbare Fähigkeiten der Führungskraft.[25] Die Eigenschaftstheorie ist der älteste Ansatz, um erfolgreiche Führung zu erklären. Ihm liegt die Annahme zugrunde, dass bestimmte Merkmale bzw. Eigenschaften eine Person als Führer auszeichnen. Eine bestimmte Persönlichkeitsstruktur legitimiert demnach die Führungsposition und bestimmt, ob eine Führungskraft erfolgreich sein kann oder nicht. Führung wird hierbei als einseitige Einflussnahme verstanden, während die Beziehung zwischen Führungskraft und Geführten außen vor bleibt.[26]

Eine der berühmtesten Ausprägungen der Eigenschaftstheorie ist das Big-Five-Modell, das in den 1930er Jahren entwickelt wurde. Nach diesem Modell muss

---

[23] Vgl. ebd.: 63 f.
[24] Vgl. Conrad 2015 : 37.
[25] Vgl. Au 2016 : 6.
[26] Vgl. ebd.: 8.

eine Führungskraft über fünf Eigenschaften verfügen, um ihre Rolle erfolgreich ausführen zu können: Extraversion, Gewissenhaftigkeit, Verträglichkeit, Offenheit und emotionale Stabilität.[27] Metaanalysen haben gezeigt, dass insbesondere Extraversion und emotionale Stabilität wichtig für den Führungserfolg sind, wobei jedoch auch gesagt werden muss, dass insgesamt nur ein kleiner Anteil des Führungserfolgs durch Eigenschaften erklärt werden kann. In der sogenannten Skill-Theorie steht weiterhin die Führungsperson mit ihren Eigenschaften im Fokus, jedoch werden hier zusätzlich die erlernbaren Fähigkeiten miteinbezogen.[28] Ein gewisser Einfluss bestimmter Eigenschaften auf den Führungserfolg scheint gegeben zu sein, jedoch lassen sich Führungsverhalten und Führungserfolg damit nicht vorhersagen.[29] Eine wissenschaftlich abgesicherte Aussage zu erforderlichen Führungseigenschaften existiert nicht.[30]

Da die Suche nach typischen Führungseigenschaften nicht zu befriedigenden Ergebnissen führte, wandte sich die wissenschaftliche Forschung dem Studium des Führungsverhaltens zu.

2.2.2 Verhaltensorientierte Führungsansätze

Der verhaltensorientierte Ansatz konzentriert sich auf das Verhalten der Führungskraft und dessen Einfluss auf die Geführten. Somit rückt die Beziehung zwischen Führungskraft und Mitarbeiter in den Fokus. Der Ansatz geht auf die Führungsstilforschung zurück, die in den Experimenten von Lewin et al. (1939) ihren Ursprung finden.[31] Sie identifizierten drei Führungsstile: Autoritär, demokratisch und laissez faire. Es konnten Vorteile des demokratischen Führungsstils nachgewiesen werden, bei dem die Führungskraft ihre Mitarbeiter in Entscheidungen einbezieht. Der autoritäre Führungsstil hingegen reduziert die positive Einstellung zur Arbeit.[32] Tannenbaum und Schmidt (1958, 1973) erweiterten das Modell und entwarfen ein Führungsstilkontinuum, in dem die Mitarbeiterbeteiligung in sieben Stufen bewertet und daraus der Führungsstil

---

[27] Vgl. Neuberger 2002: 231 f.
[28] Vgl. Au 2016: 8.
[29] Vgl. Conrad 2015: 39.
[30] Vgl. Jung 2011: 279.
[31] Vgl. Lewin et al. 1939.
[32] Vgl. Au 2016: 9.

abgeleitet wurde (s. Abb. 1).[33] Kritisch ist das Klassifikationsmodell insofern zu sehen, als dass es nur die Entscheidungspartizipation berücksichtigt.[34]

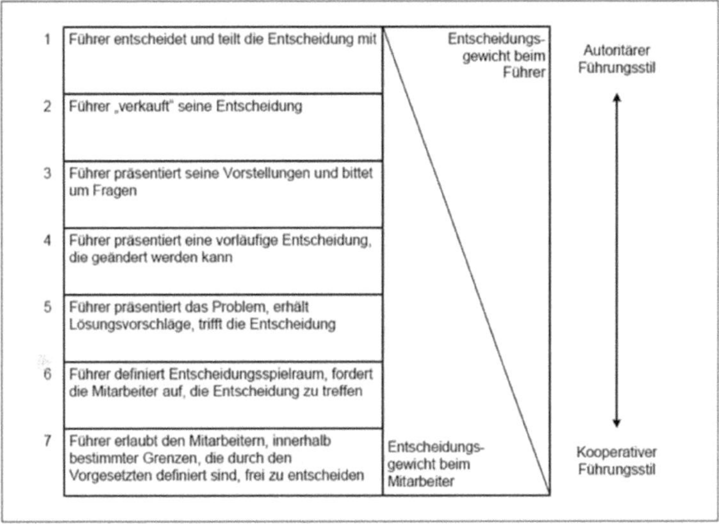

Abb. 1: Klassifikation von Führungsstilen nach Tannenbaum/ Schmidt (Hentze/ Graf 2005: 282)

In darauffolgenden Studien der Ohio State University und der Michigan University wurden darüber hinaus Verhaltensdimensionen identifiziert, die einen Einfluss auf die Führung haben. Der aufgabenorientierte Führungsstil setzt die Leistungsanforderung sowie die Planung und Organisation in den Mittelpunkt, während der personenorientierte Führungsstil die zwischenmenschlichen Aspekte der Führung, wie z. B. Unterstützung, Lob und Anerkennung fokussiert.[35] Im Verhaltensgitter „Managerial Grid", das von Blake und Mouton (1964) entworfen wurde, werden diese beiden Verhaltensdimensionen als variabel angesehen und im Rahmen eines Koordinatensystems in Intensitäts- und Ausprägungsgrade eingeteilt, sodass sich daraus schließlich fünf typische Führungsstile ergeben (s. Abb. 2).[36]

---

33   Tannenbaum/ Schmidt 1958, 1973, zitiert nach Hentze/ Graf 2005: 282.
34   Vgl. Hentze/ Graf 2005: 283.
35   Vgl. Au 2016: S. 9.
36   Vgl. Blake/ Mouton 1964.

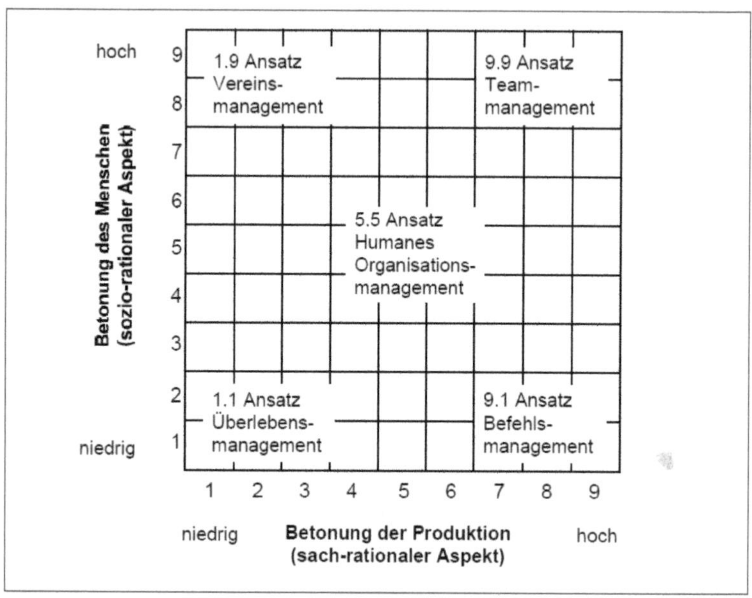

Abb. 2: Managerial Grid nach Blake/ Mouton/ McCanse 1993: 48 ff (Hentze/ Graf 2005: 284)

Die Einsicht der verhaltensorientierten Modelle besteht darin, dass eine Person nicht von Geburt an für eine Führungsposition prädestiniert ist, sondern dass sich erfolgsrelevantes Verhalten durch Training entwickeln kann. Diesen Zusammenhang bestätigen auch neuere Studien, weshalb die Investition in Führungstrainings nach dieser Theorie sinnvoll erscheint.[37] Schlussendlich bleibt bei verhaltensorientierten Ansätzen jedoch die Frage unbeantwortet, welchen Einfluss die jeweilige Situation auf das Ergebnis hat. Unklar ist, in welcher Situation welcher Führungsstil eingesetzt werden sollte.

2.2.3 Situationsorientierte Führungsansätze

Da weder eigenschafts- noch verhaltensorientierte Ansätze eine eindeutige Begründung für erfolgreiche Führung herleiten konnten, konzentrierten sich einige Wissenschaftler auf die Umwelteinflüsse. Dies führte zur Entwicklung der situationsorientierten Führungsansätze, in denen die Situationsvariablen in

---

[37] Vgl. Au 2016 : 11.

Bezug auf die Wirkung eines Führungsstils berücksichtigt wurden. Situationstheorien werden auch als Kontingenztheorien bezeichnet, da ihnen zufolge Situationen das Maß des erfolgreichen Handelns einer Führungskraft mitbestimmen. Zu den Situationsmerkmalen zählen z. B. die Situationswahrnehmung und Einstellungen der Mitarbeiter, das Wertesystem im Unternehmen sowie die Gruppenstruktur.[38] Eine der bedeutsamsten Situationstheorien ist das Kontingenzmodell von Fiedler (1967). In seinem Modell zeigt er, dass in einigen Situationen eher eine aufgabenorientierte Führung und in anderen Situationen eher eine mitarbeiterorientierte Führung erforderlich ist. Die Situation wird in drei Variablen eingeteilt, die für einen Führer die Günstigkeit der Situation bestimmen: Strukturiertheit der Aufgabe, Positionsmacht des Führers und Führer-Mitarbeiter-Beziehung. Durch die Bestimmung der Günstigkeit sowie des Führungsstils der Führungskraft kann laut Fiedler (1967) eine Vorhersage über den Führungserfolg getroffen werden.[39] Er nimmt an, dass der Führungsstil im Wesentlichen nicht verändert werden kann und dass das Verhalten und die Eigenschaften des Führers je nach Situation unterschiedlich effektiv auf den Führungserfolg einwirken, sodass die Situation dem Führungsstil entsprechend angepasst werden müsste. Nach dieser Theorie wäre bspw. also ein Seminar für Führungskräfte für ihre Führungsstilentwicklung Zeitverschwendung, vielmehr sollte man sich auf die Möglichkeiten der Situationsänderung konzentrieren[40]. Dies ist jedoch gerade der weit verbreitete Kritikpunkt an dem Modell: Es bietet keine Hinweise, wie Führungskräfte oder Situationen verändert werden können, wenn sie nicht zusammenpassen und es wird auch nicht erklärt, warum bestimmte Führungsstile in bestimmten Situationen erfolgreich sind.[41] Trotz dieser Schwächen ist im Kontingenzmodell ein innovativer Ansatz zu erkennen, da Fiedler den situativen Charakter im Führungskontext hervorhob und erstmals von der Idee des einen „optimalen Führungsstils" abwich.[42]

Ein weiteres situatives Konzept ist das Reifegradmodell nach Hersey und Blanchard (1969). Der Reifegrad des Mitarbeiters gilt als Kriterium für die Wahl

---

[38] Vgl. Jung 2011: 434.
[39] Vgl. Fiedler 1967.
[40] Vgl. Jung 2011: 437.
[41] Vgl. Au 2016: 12.
[42] Vgl. Scholz 2000: 926 f.

des Führungsstils. Eine Führungskraft muss sich demnach detailliert mit der sozialen und fachlichen Eignung der Mitarbeiter auseinandersetzen und kann dann den passenden Führungsstil wählen. Das Modell fordert die Beherrschung verschiedener Führungsstile, da unterschiedliche Mitarbeiter unterschiedlich geführt werden müssen. Hersey und Blanchard identifizieren vier mögliche Kombinationen von Aufgaben- und Mitarbeiterorientierung: Telling (autoritärer Führungsstil), Selling (Integrierender Führungsstil), Participating (partizipativer Führungsstil) und Delegating (Delegationsstil).[43] Abb. 3 zeigt, welcher Führungsstil bei welchem Reifegrad am besten zur Zielerreichung geeignet ist.

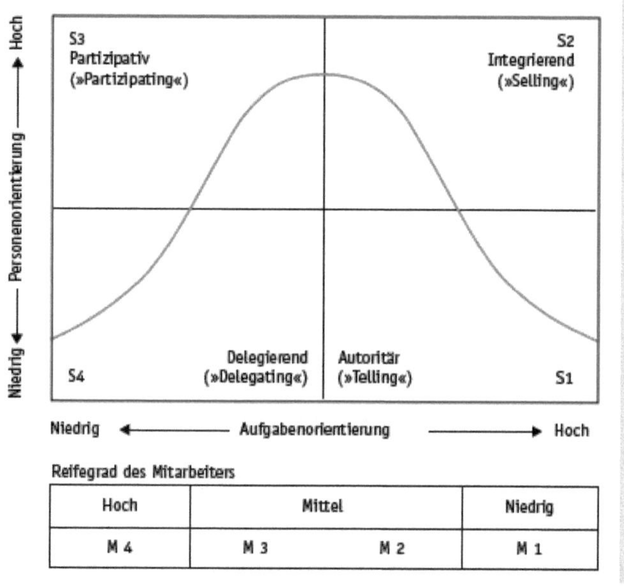

Reifegrad des Mitarbeiters

Hoch	Mittel		Niedrig
M 4	M 3	M 2	M 1

Abb. 3: Situatives Führungsmodell nach Hersey/ Blanchard (Berthel 2013: 213)

Neben der Kritik, dass der Reifegrad die einzige Einflussvariable ist, wurde bei diesem Ansatz bemängelt, dass Begrifflichkeiten wie der Reifegrad oder die Aufgaben- und Mitarbeiterorientierung zu vage definiert wurden und daher keine empirische Überprüfung möglich war.[44] Zudem bleiben Führungskompetenzen

---

[43] Vgl. Hersey/ Blanchard 1969.
[44] Vgl. Au 2016: 13.

der Führungskraft und die Rahmenbedingungen unbeachtet.[45] Der Verdienst der situativen Ansätze ist gleichwohl die Erkenntnis, dass nicht in jeder Situation gleich geführt werden sollte.[46]

Franken (2016) vertritt die Meinung, dass die aufgezeigten Führungsansätze in der „alten" Arbeitswelt, in der Menschen im Rahmen der mechanisierten Produktion „nur eine Ergänzung der Maschine, ein Rädchen im System des Betriebes waren"[47], durchaus ihre Gültigkeit hatten. Man glaubte an die Ursache-Wirkungs-Ketten und an die Steuerung durch Zielvorgaben sowie an die Motivation durch monetäre Anreize.[48] Mit dem Wandel der Arbeitswelt entstanden in den vergangenen Jahrzehnten neuere Theorien, die eine Veränderung des Führungsverständnisses wiederspiegeln. Ein zentrales Konzept ist jenes der transformationalen Führung, das nachfolgend vorgestellt wird.

2.3 Das Konzept der transformationalen Führung

In den vergangenen Jahrzehnten hat kein anderes Konzept die Führungsforschung so fasziniert und revolutioniert wie das der transformationalen Führung.[49] Es handelt sich dabei um eine idealisierte, heldenhafte Form von Führung.[50] Das Konzept gilt als bedeutsames Konstrukt, welches sich auf die charismatischen Elemente der Führung konzentriert. Das große Interesse an der transformationalen Führung rührt insbesondere aus den unsicheren Umweltbedingungen her: Wir leben im Zeitalter der Globalisierung und haben immer wieder mit verschiedenen Arten von Krisen zu tun (z. B. Finanz- und Handelskrisen).[51] Unternehmen bewegen sich damit in einem sehr dynamischen und unsicheren Umfeld, was die Anwendung transformationaler Führung begünstigt, da sie stark visionsgetrieben und emotional beeinflussender Natur ist und sich positiv auf Veränderungen auswirken kann.[52]

---

[45] Vgl. Franken 2016: S. 35.

[46] Vgl. Au 2016: 13.

[47] Franken 2016: 36.

[48] Vgl. ebd.: 36.

[49] Vgl. Furtner 2016: 1.

[50] Vgl. Furtner/ Baldegger 2016: 145.

[51] Vgl. ebd.: 145.

[52] Vgl. ebd.: 145.

2.3.1 Entstehung und Entwicklung

Erstmals systematisiert wurde der Begriff 1978 von Burns, indem er ihn von der transaktionalen Führung abgrenzte.[53] „Eine transformationale Führung legt ihren Fokus darauf, was die Geführten für ihre Organisation tun können, während die transaktionale Führung betont, was die Geführten von ihrer Organisation erwarten können.“[54] Bei der transaktionalen Führung handelt es sich um einen Austauschprozess zwischen Führer und Geführten und die Aufgabenorientierung steht im Vordergrund.[55] Hiermit ist das Führen durch Zielvereinbarungen verbunden: Die Führungskraft vereinbart mit dem Mitarbeiter Ziele und stellt eine Belohnung in Aussicht. Der Mitarbeiter zeigt eine entsprechende Arbeitsleistung, um seine Ziele zu erreichen und wird bei Erfolg belohnt. Hier bewegt man sich auf einer logisch-rationalen Ebene.[56] Die transformationale Führung ist hingegen mitarbeiterorientiert ausgerichtet und agiert auf einer starken emotionalen Beeinflussungsebene mittels Charisma, Inspiration, individueller Berücksichtigung und intellektueller Stimulierung.[57] Das Ziel ist die Steigerung der Motivation und Leistung der Mitarbeiter durch die Transformation von Werten und Einstellungen. Führende und Geführte werden im Führungsprozess transformiert, was einerseits zu einer erhöhten Produktivität und andererseits zu moralischem Verhalten führt.[58]

Aufbauend auf den Überlegungen von Burns entwickelte Bass das Konzept „Full Range of Leadership", welches eines der bedeutsamsten Modelle in der Führungsforschung ist und sämtliche Führungsstile erfasst.[59] Bass wollte alle möglichen Arten von Führung in seinem Modell aufgreifen und stellte die Dimensionen der transformationalen Führung, der transaktionalen Führung sowie der passiven Führung dar. In einem zweidimensionalen Kontinuum (aktiv-passiv und effektiv-ineffektiv) lassen sich die verschiedenen Führungsstile darstellen, wobei die transformationale Führung die aktivste und effektivste und

---

[53] Vgl. Furtner 2016: 17.

[54] Furtner/ Baldegger 2016: 145.

[55] Vgl. Werther 2014: 8.

[56] Vgl. Furtner 2016: 18.

[57] Vgl. Bass/ Avolio 1999.

[58] Vgl. Au 2016: 14.

[59] Vgl. Bass/ Riggio 2006: 7.

die passive Führung die inaktivste und ineffektivste Ausprägung der Führung ist.[60] Im Einzelnen werden folgende Führungsstile erfasst[61]:

- Idealisierter Einfluss: Einfluss durch Vertrauen, Führungskraft als Rollenmodell, Vorbild oder Idol, Beeinflussung durch vollständige Identifikation mit Werten und Verhaltensweisen.

- Inspirierende Motivation: Motivation durch die Formulierung einer Vision, Erzeugung gemeinsamer Ziele, leidenschaftliche Reden, Einsatz von Zeremonien, Ritualen und Feiern.

- Intellektuelle Stimulierung: Förderung von Kreativität und innovativem Denken, Aufbrechen gewöhnlicher Denkmuster, Fehler sind erlaubt, um neue Lösungswege zu finden.

- Individuelle Berücksichtigung: Individuelle Förderung, Entwicklung durch Coaching und Beratung.

- Contingent Reward: Bedingte Verstärkung, leistungsorientierte Belohnung

- Management by Exception: Eingriff nur, wenn Fehler passieren oder Vorgaben nicht erfüllt werden.

- Laissez faire: Keine zielorientierte Fremdbeeinflussung, kein Eingreifen.

Abb. 4 zeigt die verschiedenen Führungsstile im zweidimensionalen Kontinuum. Die transaktionale Führung umfasst hier sowohl „Contingent Reward" als auch „Management by Exception" und wird weder als besonders aktiv noch als besonders passiv betrachtet. Ebenso bewegt sich die Effektivität im mittleren Bereich. Die vier transformationalen Führungsstile befinden sich hingegen alle im aktiven und effektiven Feld.

---

[60] Vgl. Furtner 2016: 18.
[61] Vgl. Hieber 2016: S. 22 ff.

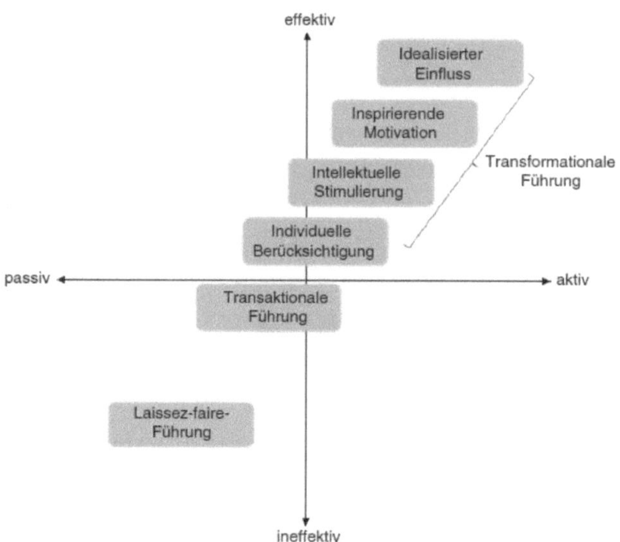

Abb. 4: Full Range of Leadership nach Bass (Furtner 2016: 19)

2.3.2 Effektivität und Chancen für die Personalentwicklung

Die transformationale Führung scheint im Vergleich zur transaktionalen Führung effektiver zu sein. Die aufgezeigten Führungsstile sollten jedoch nicht unabhängig voneinander betrachtet werden, da empirische Studien belegen, dass sowohl die transformationale als auch die transaktionale Führung mit langfristigem Erfolg korrelieren.[62] Neueste Forschungsergebnisse zeigen, dass die größte Effektivität durch eine Kombination aus transformationaler Führung und „Contingent Reward" als Aspekt der transaktionalen Führung erreicht werden kann.[63] Neben dem positiven Effekt auf den allgemeinen Führungserfolg hat die transformationale Führung außerdem einen positiven Einfluss auf die Arbeitszufriedenheit, die Kreativität und Innovationsfähigkeit sowie auf das Commitment der Mitarbeiter zum Arbeitsplatz, wobei sich hier ebenfalls in Kombination mit Contingent Reward ein positiver additiver Effekt belegen lässt.[64]

---

[62] Vgl. Comelli/ Rosenstiel 2014: 129.

[63] Vgl. Furtner/ Baldegger 2016: 146.

[64] Vgl. ebd.: 197.

Die transformationale Führung basiert abweichend von den traditionellen Führungsansätzen auf einem komplexen Menschenbild, berücksichtigt vielseitige Facetten der Einflussmöglichkeiten auf das Verhalten der Mitarbeiter und stellt damit hohe Anforderungen an die Führungskräfte.[65] Es stellt sich daher die Frage, ob die transformationale Führung erlernbar ist und somit die Personalentwicklung positiv auf die Führungskräfte und den Führungserfolg einwirken kann. Erste Belege lieferten Zwillingsstudien, die zu dem Ergebnis kamen, dass effektive Führungsfähigkeit lediglich zu 30 Prozent angeboren ist und zu etwa zwei Drittel von Umwelteinflüssen abhängt und demnach erlernbar ist bzw. trainiert werden kann.[66] Weitere wissenschaftliche Forschungen zur Effektivität von transformationalen Führungstrainings konnten einen positiven Zusammenhang mehrfach überzeugend nachweisen[67]. Aus diesen Erkenntnissen ergibt sich für die Personalentwicklung die große Chance durch Führungskräfteprogramme transformationale Aspekte, wie z. B. Rhetorikkenntnisse zu trainieren oder ein allgemeines transformationales Führungsverständnis zu vermitteln. Detaillierte Empfehlungen zur Führungskräfteentwicklung und die konkrete Rolle der Personalentwicklung werden im Zusammenhang mit der Fragestellung dieser Arbeit in Kapitel 6 aufgezeigt.

Nachdem die Grundlagen zur Führungsforschung dargestellt wurden, widmet sich das nachfolgende Kapitel dem Aspekt der Entgrenzung der Arbeit. Dieser theoretische Hintergrund schafft die Basis für die zentrale Frage dieser Arbeit, vor welchen Herausforderungen Führungskräfte heute stehen.

---

[65] Vgl. Franken 2016: 43.
[66] Vgl. Furtner/ Baldegger 2016: 190.
[67] Vgl. Furtner 2016: 30.

3 Entgrenzung der Arbeit

In den letzten zwei Jahrzehnten hat sich die Arbeitswelt stark gewandelt. Voß (1998) spricht von einem „grundlegenden Strukturwandel"[68], der im Rahmen der arbeits- und industriesoziologischen Forschung als „Entgrenzung der Arbeit" diskutiert wird.[69] Die Grenzen innerhalb der betrieblichen Arbeitsorganisation verlieren zunehmend an Bedeutung. Definiert werden kann Entgrenzung als ein sozialer Prozess, „in dem unter bestimmten Bedingungen entstandene soziale Strukturen der regulierenden Begrenzung von sozialen Vorgängen ganz oder partiell erodieren bzw. bewußt [sic!] aufgelöst werden"[70]. Bezogen auf die Organisationsbedingungen von Arbeit bedeutet dies für Arbeitnehmer, dass kaum noch feste Strukturen vorgegeben werden. Dies hat auch Folgen für das Verhältnis zwischen Arbeits- und Privatleben. Arbeit kann zu Hause oder unterwegs und zeitlich flexibel erledigt werden, was dazu führt, dass die Grenzen zwischen Arbeit und Privatleben verschwimmen. Einen großen Schub erfuhr die Entgrenzung durch die Digitalisierung. Im Zuge des Medienwandels ergaben sich insbesondere im Verlauf des aktuellen Jahrhunderts zahlreiche weitere Möglichkeiten, um Arbeit noch flexibler zu gestalten. Voß (1998) umschreibt die meisten Entwicklungen beim Arbeitswandel pauschal als Flexibilisierungen.[71] Was darunter im Detail zu verstehen ist, wird im letzten Teil dieses Kapitels aufgeführt, in dem die räumliche und zeitliche Entgrenzung sowie die Subjektivierung der Arbeit thematisiert wird.

3.1 Historische Entwicklung

Für die Untersuchung des gesellschaftlichen Wandels wird das Verhältnis von Arbeit und Leben als zentral erachtet.[72] Um das Entgrenzungsphänomen besser nachvollziehen zu können, wird nachfolgend ein historischer Abriss der Veränderungen der Arbeitsgesellschaft aufgezeigt. Zunächst wird die Trennung der Lebensbereiche Arbeit und Privat im Zuge der Industrialisierung und im Fordismus erläutert. Es folgt eine Darstellung des Wandels zum Postfordismus,

---

68 Voß 1998: 473.
69 Vgl. Jürgens 2009: 9.
70 Voß 1998: 474.
71 Vgl. ebd.: 473.
72 Vgl. Jürgens 2010: 483.

der dem Fordismus gegenübergestellt werden kann und Flexibilisierungsprozesse mit sich bringt. Die Entgrenzungsprozesse lassen sich „als Ausdruck eines Umbruchs in der Entwicklung von Arbeit interpretieren, der seinerseits historisch in die Krise des Fordismus eingebettet ist"[73].

3.1.1 Industrialisierung und Fordismus

Bis in die Feudalgesellschaft waren Arbeit und Leben weiträumig vermischte Bereiche.[74] Arbeits- und Wohnort waren ein und derselbe und bildeten gleichzeitig Lebens- und Wirtschaftsgemeinschaft. Im Zuge der Industrialisierung im 20. Jahrhundert änderte sich dieses Verhältnis. Mit der Verlagerung der Produktion in Manufakturen und später in Fabriken verbreitete sich die räumliche Trennung von Lohnarbeit und Privatleben.[75]

Mit fortschreitender Industrialisierung entwickelte sich der Fordismus in den Jahrzehnten zwischen 1920 und 1960.[76] Benannt ist der Fordismus nach dem amerikanischen Automobilhersteller Henry Ford. Kennzeichnend ist eine besondere Form der Arbeitsorganisation, welche die Arbeitsprinzipien von Ford mit denen von Taylor verbindet. Mit der Fließbandarbeit setzte Ford Taylors Arbeitsprinzip, das im Zeichen von hochgradiger Arbeitsteilung und Kontrolle stand, konsequent und erfolgreich um.[77] Im Handbuch Arbeitssoziologie definiert Schmidt (2010) vier Merkmale der fordistischen Gesellschaft[78]:

- Standardisierte Massenproduktion auf Grundlage rigider Arbeitsteilung.

- Steigerung der Massenkonsumption durch relativ hohe Löhne bis in die unteren Schichten.

- Aufbau und Stabilisierung des Wohlfahrtstaates, wodurch soziale Sicherheit, Konsumkultur und somit Wirtschaftswachstum gefördert werden kann.

- Erhalt einer Wirtschafts- und Währungsstabilität durch regulierende Maßnahmen des Geldsystems.

---

[73] Sauer 2005: 106.
[74] Vgl. Jürgens 2010: 486.
[75] Vgl. ebd.: 486.
[76] Vgl. Schmidt 2010: 132.
[77] Vgl. Elster 2007: 23.
[78] Vgl. Schmidt 2010: 133.

Mit der Trennung der Arbeits- und Lebensbereiche entstand ein Modell gesellschaftlicher Arbeitsteilung: Auf der einen Seite wurde die Produktion organisiert und optimiert und auf der anderen Seite wurde die Reproduktion der regenerativen Voraussetzungen geschaffen, indem sich die Menschen in ihrer Freizeit von der Arbeit erholen sollten.[79]

Seit Ende der 1980er Jahre weisen soziologische Diskussionen deutlich auf einen Umbruch in der Arbeitswelt hin.[80] Mittlerweile wird der Fordismus in der Arbeits- und Industriesoziologie meist der Vergangenheit zugeordnet. Im folgenden Abschnitt wird auf den Wandel vom Fordismus zum Postfordismus eingegangen.

3.1.2 Der Übergang zum Postfordismus

Bereits Mitte der 1970er Jahre begann sich der Fordismus langsam aufzulösen.[81] Die grundlegenden Veränderungstendenzen von Arbeit sind nicht nur auf betriebliche Veränderungen reduzierbar, sondern werden von vielfältigen Einflussfaktoren und Wechselwirkungen beeinflusst.[82] Im Zusammenhang mit der Humanisierung des Arbeitslebens gab es erste Impulse für die Durchsetzung neuer Arbeitsformen und die Grenzen des fordistischen Systems.[83] Weitere Umstände, wie z. B. die Ölkrisen der Jahre 1973 und 1978, die eine hohe Inflation und stagnierendes Wirtschaftswachstum förderten, sowie die Finanzkrise, ließen das System brüchig werden.[84] Seit den 1980er Jahren wurde der Umbruch in der Arbeitswelt sehr deutlich: Die wirtschaftliche Globalisierung hatte zur Folge, dass Produktionsstätten aufgrund der geringeren Kosten ins Ausland verlagert oder dies zumindest angedroht wurde, um staatliche Subventionen oder Lohnzurückhaltung zu erpressen. Das Resultat: Arbeitslosigkeit und vor allem Dauerarbeitslosigkeit stiegen enorm.[85] Darüber hinaus verlangten neue Technologien, insbesondere neue Kommunikationstechnologien, nach einer

---

[79] Vgl. Jürgens 2010: 486.

[80] Vgl. Schmidt 2010: 136.

[81] Vgl. Schimank 2012.

[82] Vgl. Sauer 2005: 115.

[83] Vgl. Schmidt 2010: 136.

[84] Vgl. Schimank 2012.

[85] Vgl. ebd.

Reorganisation der Arbeit.[86] Prozesse auf der Arbeitsorganisationsebene und im Bereich Technik und Informatisierung waren betroffen. „In einer historischen Perspektive können die 80er Jahre als die ‚Inkubationszeit' für eine neue, massive Reorganisationswelle in den 90er Jahren gelten."[87] Die Bildungsexpansion, die Tertialisierung der Wirtschaft und die zunehmende Erwerbsintegration von Frauen zeigten in den 1990er Jahren ihre Wirkung, sodass sich in dieser Dekade der Vermittlungszusammenhang zwischen Arbeit und Leben dynamisierte.[88] Im Jahr 1991 waren bereits 59,5 Prozent aller Erwerbstätigen im tertiären Sektor tätig, 2003 waren es inzwischen über 70 Prozent mit steigender Tendenz während der letzten Jahre.[89]

Die Kennzeichen des Fordismus – rigide Arbeitsteilung, hierarchischer Aufbau des Unternehmens und zentralisierte Entscheidungen und Kontrollen – haben sich gewandelt. Als postfordistisch nennt Schmidt (2010) folgende Merkmale[90]:

- Flexibilisierung der Arbeitsorganisation mit Arbeitsgruppen und Aufgabenintegration.
- Starke Produktdifferenzierung und geringere Serienproduktion.
- Dezentralisierung und Abbau von Hierarchien.
- Wissen gewinnt gegenüber materieller Ressourcen an Bedeutung.
- Individualisierung aller Lebensbereiche.
- Reduzierung der staatlichen Sicherungssysteme.

Das postfordistische System verlangt ein hohes Maß an Flexibilität und Offenheit für kurzfristige Veränderungen. Verstärkt wird die Rund-um-die-Uhr-Nutzung von Anlagen und Maschinen einerseits und der Rund-um-die-Uhr-Einsatz von Menschen andererseits durch die neuen Informations- und Kommunikationstechnologien (IKT)[91], die sich im neuen Jahrhundert noch einmal rasant weiterentwickelt haben. Die Betrachtung der aktuellsten Entwicklungen ist Inhalt des folgenden Abschnitts: Die zunehmende Digitalisierung der Arbeitswelt.

---

86 Vgl. Krenner 2011: 15.
87 Sauer et al. 2005: 323.
88 Vgl. Jürgens 2010: 491.
89 Vgl. Jung 2011: 854.
90 Vgl. Schmidt 2010: 137.
91 Vgl. Schröder 2008: 18.

3.2 Digitalisierung

Unter dem Begriff Digitalisierung wird der Wandel der privaten und der Arbeitswelt durch den Einsatz neuer IKT verstanden.[92] Diese haben bereits seit den 1990er Jahren einen großen Einfluss sowohl auf die betrieblichen, als auch auf die privaten Arbeits- und Kommunikationsprozesse. Informationsgewinnung, -verarbeitung und -weitergabe haben sich qualitativ und quantitativ geändert.[93] Mittlerweile sind bereits zwei Generationen mit dieser Technik aufgewachsen: Die Generation Y (Jahrgänge 1980 bis 1995) und die Generation Z (Jahrgänge nach 1995).[94] Aus ihrem, aber auch aus dem Leben vieler Menschen älterer Jahrgänge sind Internet, Social Media und Mobilfunk nicht mehr wegzudenken.[95] So ist es heutzutage möglich, jederzeit und überall erreichbar zu sein, rund um die Uhr im Internet zu surfen, einzukaufen und Nachrichten und Fotos in Echtzeit mit Freunden zu teilen.[96] Weiterhin können jederzeit Nachrichten oder Live-Ticker gelesen werden, nach den Abfahrtszeiten der Bahn, nach dem Weg oder nach der aktuellen Wetterentwicklung geschaut werden. All dies wird möglich durch das Smartphone und andere Mobile Devices wie z. B. das Tablet oder die Smartwatch. Darüber hinaus werden Gegenstände des Alltags „intelligent", so dass sich z. B. ein Kühlschrank digital steuern lässt und selbst merkt, wenn Nahrungsmittel fehlen und diese in einem weiteren Schritt selbstständig bestellen kann.[97]

Doch nicht nur die privaten Lebensgewohnheiten werden massiv beeinflusst, sondern auch Prozesse und Strukturen in Unternehmen. Die Studie „Digitalisierung der Gesellschaft 2014" macht deutlich, wie groß der digitale Einfluss auf das Berufsleben ist: Während 2013 noch 61 Prozent der Befragten sehr starke Auswirkungen der digitalen Technologien verspürten, waren es ein Jahr später bereits 74 Prozent.[98] Zwei Schlagworte stehen mit dieser Wahrnehmung in Verbindung, zum einen „Big Data" und zum anderen „Cloud Computing". Ersteres bedeutet, dass durch technische Fortschritte immer größere

---

[92] Vgl. Franken 2016: 4.
[93] Vgl. Bamberg/ Busch/ Ducki 2003: 21.
[94] Vgl. Franken 2016: 4.
[95] Vgl. ebd.: 4.
[96] Vgl. ebd.: 4.
[97] Vgl. ebd.: 4.
[98] Vgl. Wittmann et al., 2015, zitiert nach Franken 2016: 4.

Datenmengen gesammelt und ausgewertet werden können.[99] Unter „Cloud Computing" versteht man die dezentrale Bereitstellung von Daten und Services über das Internet, d. h. es handelt sich um eine nicht lokalisierte Speicherplattform.[100] Immense Datenmengen sind jederzeit und überall erreichbar, wodurch ein unermesslicher Informationsraum entstanden ist, der neue Arbeitsformen möglich macht und zu einer Entkopplung der Arbeit von Ort und Zeit sowie zu einer Verschmelzung von Arbeit und Privatleben führt.[101]

3.2.1 Die vierte industrielle Revolution: Industrie

Diese Entwicklungen nehmen ein so großes Ausmaß an, dass von einer neuen industriellen Revolution gesprochen werden kann. Mit den ersten Einsätzen von IKT in den 1970er Jahren sprach man von der dritten industriellen Revolution, bzw. der ersten digitalen Revolution. Durch den technologischen Fortschritt in den vergangenen Jahren des laufenden Jahrzehnts kann nun jedoch von einer zweiten digitalen Revolution gesprochen werden, die in der Literatur auch als „Industrie 4.0" bezeichnet wird. Abbildung 5 zeigt die vier industriellen Revolutionen anhand eines Zeitstrahls.

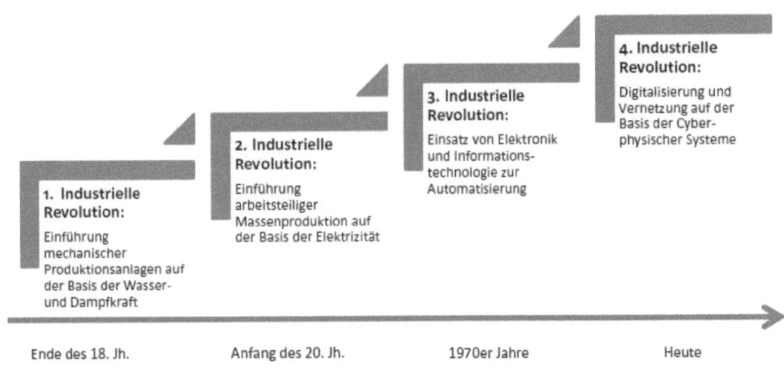

Abb. 5: Vier industrielle Revolutionen nach Spath et al. 2013 (Franken 2016: 7)

---

[99] Vgl. Franken 2016: 4.

[100] Vgl. ebd.: 4.

[101] Vgl. ebd.: 5.

Die neuen Technologien ermöglichen eine orts- und zeitunabhängige Informations-bereitstellung und durch die Verlagerung lokaler Services und Prozesse in die Cloud können wichtige, echtzeitnahe Informationen über das Internet bereitgestellt werden.[102] Unternehmen können flexibler reagieren und damit ermöglicht Industrie 4.0 „eine qualitativ neue Stufe der Organisation und Steuerung der gesamten Wertschöpfungskette über den Lebenszyklus von Produkten"[103]. Was Produkte, Produktentwicklungen, Logistik und Vertrieb angeht, sind insbesondere die Branchen Automobilindustrie, Maschinen- und Anlagenbau sowie Konsumgüter betroffen.[104] Doch nicht nur hier hat die Digitalisierung große Auswirkungen auf die Arbeit, sondern sie betrifft auch die Dienstleistungsbranche. Denn auch der weiter wachsende tertiäre Sektor wird massiv von der Digitalisierung beeinflusst. Welche Auswirkungen sich aus dem Einsatz moderner IKT ergeben, wird nachfolgend dargestellt.

3.2.2 Auswirkungen der Digitalisierung auf die Arbeit

Durch moderne Technologien, die sich Jahr für Jahr sehr dynamisch weiterentwickeln, entsteht ein unermesslicher Informationsraum. Für die Gestaltung der Organisation von Arbeit und Zusammenarbeit bietet die Digitalisierung ein hohes Potenzial. Sie erleichtert bzw. ermöglicht den Zugang zu weltweiten Informationen und Wissen, zu Ressourcen, Arbeitspartnern und Märkten sowie zu Vernetzung-, Produktions- und Automatisierungstechnologien und intelligenten Tools.[105] Franken (2016) nimmt an, dass in naher Zukunft dynamische Netzwerke hierarchische Strukturen vertreiben werden und Projekt- und Teamarbeit immer mehr an Bedeutung gewinnen wird.[106]

Im Rahmen der Fachkonferenz „Die Zukunft der Arbeit in der digitalen Welt" 2013 wurden in einem Expertenworkshop drei wesentliche Effekte der Digitalisierung ausgearbeitet[107]:

---

[102] Vgl. ebd.: 6.

[103] ebd.: 6.

[104] Vgl. ebd.: 8

[105] Vgl. Picot/ Neuburger 2013: 2.

[106] Vgl. Franken 2016: 12.

[107] Vgl. Picot/ Neuburger 2013: 7.

1. Durch den Einsatz von Technologien und Tools können Arbeitsprozesse effizienter und effektiver organisiert und durchgeführt werden. Darüber hinaus eröffnet die Digitalisierung den Raum für komplett neue Prozesstechnologien.

2. Die Digitalisierung führt zu einer stärkeren Automatisierung und Rationalisierung im mittleren Qualifikations- und Lohnbereich. Routinebasierte Tätigkeiten verlieren an Bedeutung. Arbeitsplätze, an denen anspruchsvolle Wissens-, Steuerungs- und Führungsaufgaben zu erledigen sind oder Arbeitsplätze im Niedriglohnsektor, die viel Erfahrung erfordern, werden wichtiger und neue Berufsfelder entstehen.

3. Arbeitsprozesse können zeitlich, örtlich und inhaltlich sowohl für das Unternehmen als auch für den einzelnen Mitarbeiter flexibler gestaltet werden. Vernetztes Arbeiten über Zeitzonen und Ländergrenzen hinweg wird möglich und damit einhergehend wird die Erledigung von Aufgaben immer flexibler. Neue Arbeitsmodelle hinsichtlich Arbeitszeit, Arbeitsort und Teamzusammenstellung entstehen und führen zu einer zunehmenden Entgrenzung von Arbeit und Freizeit.

Da der letzte Punkt eng in Zusammenhang mit der Fragestellung dieser Arbeit steht, wird die Flexibilisierung der Arbeit mit ihren Chancen und Risiken im folgenden Abschnitt genauer thematisiert.

3.3 Flexibilisierung von Arbeitsstrukturen

Ein wesentliches Merkmal der Entgrenzung der Arbeit ist die Flexibilisierung der Arbeitszeit und des Arbeitsortes. Diese Entwicklungen sind Antwort der Unternehmen auf die veränderten Märkte einer globalisierten Welt, die sehr schnelllebig ist und in der ein hoher Konkurrenzdruck herrscht. Wie in Kapitel 3.2 dargestellt, wurden die Flexibilisierungstendenzen durch die neuesten technologischen Entwicklungen noch weiter vorangetrieben. Besonders das Internet und mobile Medien erleichtern die Flexibilisierung, sodass es in vielen Bereichen möglich ist, immer und überall seine Arbeit zu erledigen. Damit einher geht, dass die Grenzen zwischen Arbeits- und Privatleben verschwimmen und die Flexibilisierung somit nicht nur das Arbeitsleben, sondern auch die private Lebenswelt massiv beeinflusst. Das Zusammenspiel zwischen räumlicher und zeitlicher Entgrenzung beschleunigt das gesamte Leben. Die Arten der Flexibilisierung werden nachfolgend näher beleuchtet.

3.3.1 Flexibilisierung der Arbeitszeit

Ein Meilenstein in der Historie flexibler Arbeitszeiten erfolgte in den 1980er Jahren im Rahmen der Tarifeinigung über die 35-Stunden-Woche: Im Gegenzug zur Verkürzung der Arbeitszeit handelten die Arbeitgeber eine betriebliche Arbeitszeitflexibilisierung mit einer Entkopplung der Arbeitszeiten von den Betriebszeiten aus, damit die Betriebsnutzungszeiten verlängert werden konnten.[108] Die Flexibilisierung der Arbeitszeit betrifft die Dauer, Lage und Verteilung und hat massiv an Aktualität gewonnen.[109] Diese drei Dimensionen sollten stets im Kontext betrachtet werden, da sich Änderungen der verschiedenen Dimensionen auf den Nutzen der arbeitsfreien Zeit auswirken können.[110] So kann z. B. eine Arbeitszeitverkürzung einen negativen Effekt haben, wenn die Lage oder die Verteilung der Arbeitszeit dafür ungünstiger für den Mitarbeiter liegt, sodass der Nutzen der Freizeit sich für ihn verschlechtert.[111]

Schaut man sich zunächst die Dauer der Arbeitszeiten an, so ist festzustellen, dass die vereinbarten Arbeitszeiten oftmals von den tatsächlich geleisteten Stunden abweichen, insbesondere bei Höherqualifizierten.[112] Darüber hinaus wird deutlich, dass Teilzeitarbeitsverhältnisse, d. h. Beschäftigungsverhältnisse mit einer geringeren Arbeitszeit als die wöchentliche Arbeitszeit von vergleichbaren Vollzeitbeschäftigen, vor allem im Dienstleistungssektor zugenommen haben und insbesondere Frauen betrifft.[113]

Bezüglich Verteilung und Lage der Arbeitszeit ist eine flexible Ausgestaltung nicht gänzlich neu. So ist bspw. die Schichtarbeit in bestimmten Branchen seit jeher üblich und unvermeidbar, so etwa im Polizeidienst oder in der Stahlindustrie, in der technische Anlagen dauerhaft in Betrieb sein müssen.[114] Ergänzt wurde die zeitliche Flexibilisierung durch neue Formen der Arbeitszeitgestaltung. Hierzu gehört die Einrichtung von Arbeitszeitkonten, auf denen Zeitguthaben gesammelt werden und „abgebummelt" oder ausgezahlt werden können. Mit der flexiblen

---

[108] Vgl. Schröder 2008: 23.

[109] Vgl. Minssen 2012: 60.

[110] Vgl. Seifert 1995: 62.

[111] Vgl. Wagner 1995: 62.

[112] Vgl. Minssen 2012: 60 ff.

[113] Vgl. ebd.: 64.

[114] Vgl. ebd.: 64.

Verteilung der Arbeitszeit können Unternehmen ihre Kosten senken und die Produktivität steigern, wenn die Beschäftigten konjunkturabhängig zum Einsatz kommen können.[115] Bei einer hohen Auftragslage können die Mitarbeiter länger arbeiten und bei auftragsschwachen Phasen wird die Arbeitsleistung reduziert, ohne dass der Arbeitgeber Kurzarbeit anmelden muss. Bei Arbeitszeitkonten besteht der Vorteil für den Mitarbeiter darin, dass er Überstunden ansammeln kann und diese später in Form von Freizeit ausgeglichen bekommt. Damit erhofft man sich eine bessere Vereinbarkeit von Arbeit und Freizeit, bzw. eine optimierte Work-Life Balance.[116] Minssen (2012) bezweifelt jedoch, ob diese Regelung wirklich so positiv ist, da betriebliche Belange stets im Vordergrund stehen und der Gestaltungsspielraum für die Mitarbeiter sehr eingeschränkt sein kann.[117]

Eine weitere Form der zeitlichen Flexibilisierung ist die Vereinbarung von Vertrauens-arbeitszeit, bei der die Arbeitszeit nicht mehr vom Unternehmen erfasst wird. Das Steuerungsprinzip durch den Arbeitgeber, welches kennzeichnend für den Fordismus war, entfällt. Wenn die Arbeitszeit nicht geregelt bzw. gemessen wird, kann der Arbeitgeber sie folglich nicht kontrollieren. Wann und wie lange gearbeitet wird, entscheidet der Mitarbeiter selbst und somit wird die Kontrolle der Arbeitszeit zu einer Aufgabe des Beschäftigten selbst.[118] Mit der Vertrauens- oder gleitenden Arbeitszeit tritt die Präsenzpflicht in den Hintergrund und weicht einer Ergebnisorientierung.[119] Die Verantwortung des Resultats liegt beim Arbeitnehmer und bietet ihm so einerseits eine erhöhte Arbeitszeitautonomie, andererseits verschwimmen die Grenzen zwischen Arbeit und Freizeit aufgrund der hohen Ansprüche.[120] Diese Flexibilisierung kann sowohl positiv, als auch negativ gesehen werden: Positiv in diesem Zusammenhang, weil die freie Zeiteinteilung Raum für die Gestaltung des Privatlebens bietet und sich der Arbeitnehmer im Rahmen seiner Arbeit selbstorganisieren und frei entfalten kann. Negativ hinsichtlich dessen, dass die Verantwortung Druck erzeugen kann und damit das Arbeitszeitvolumen steigt, was der Work-Life-Balance schaden kann.

---

[115] Vgl. Streit 2011: 28.
[116] Vgl. Minssen 2012: 65 f.
[117] Vgl. ebd.: 66.
[118] Vgl. ebd.: 67.
[119] Vgl. Franken 2016: 13.
[120] Vgl. Minssen 2012: 67 f.

> „Hoch flexible Arbeitszeiten führen zu Lebensrhythmen, die die Grenzen zwischen
> Erwerb und dem bisherigen ‚Rest' des Lebens immer diffuser werden lassen –
> schnell zwischendurch etwas erledigen, heute mal länger schlafen, morgen dafür
> vielleicht bis in die Nacht (und auch noch mal eben am Samstag) im Betrieb sein…
> Wo ist da die Grenze?"[121]

Doch nicht nur die Arbeitszeitflexibilisierung lässt die Grenzen zwischen Arbeit und Freizeit erodieren. Auch die Flexibilisierung des Arbeitsortes, die im folgenden Abschnitt thematisiert wird, leistet ihren Beitrag zur Entgrenzung.

3.3.2 Flexibilisierung des Arbeitsortes

Bei der Flexibilisierung des Arbeitsortes handelt es sich um die Abkopplung der Arbeit vom Betriebsort. In der Literatur wird diese Art der Arbeitszeitflexibilisierung unter dem Begriff „Telearbeit" diskutiert. Kirrmann (1995) definierte die Telearbeit Mitte der 1990er Jahre als

> „das Arbeiten gegen Entgelt an einer selbstgewählten, nicht vom Empfänger des
> Arbeitsergebnisses gestellten oder durch die Arbeitsaufgabe bedingten Arbeitsstätte
> unter Verwendung von Arbeitsmitteln der Informations- und
> Kommunikationstechnik sowohl bei der Arbeit als auch bei der Übermittlung von
> Arbeitsergebnissen."[122]

Eine nach wie vor passende Definition, auch wenn durch die technologischen Entwicklungen der letzten Jahre einige neue Optionen bezüglich der Gestaltung mobiler Arbeit hinzugekommen sind. Während man bis Anfang der 1990er Jahre mit mobiler Arbeit in erster Linie die Teleheimarbeit („Homeoffice") verband, können durch die Entwicklung mobiler Endgeräte heute viele Orte zu mobilen Arbeitsplätzen werden.[123] „[The] vision of future work 25 years ago only partly describes the present situation in working life, which is more mobile and virtual work than telework performed only at home."[124] So kann Arbeit heute sowohl zu Hause, als auch von unterwegs, z. B. im Hotel, in der Bahn oder sogar im Standkorb am Meer erledigt werden. Der Informationsaustausch, die Kommunikation und der Transfer von Daten erfolgt durch neue Technologien in

---

[121] Gottschall/ Voß 2003: 20.

[122] Kirrmann 1995: 149.

[123] Vgl. Vogl/ Kratzer 2015: 172 f.

[124] Andriessen/ Vartiainen 2006: 21.

Echtzeit. Durch Tools wie bspw. Skype, welches kostenfrei auf jedem Rechner installiert werden kann, sind heutzutage auch Videokonferenzen ohne großen Aufwand und zusätzliches Equipment möglich. Im Grunde kann überall dort mobil gearbeitet werden, wo ein Internetzugang besteht.

Durch diese neuen Gegebenheiten lässt sich die räumliche Entfernung überwinden, die Arbeits- und Kooperationsfähigkeit bleibt erhalten und auch die internationale Zusammenarbeit wird realisierbar.[125] Zum einen ist also die Etablierung virtueller Teams oder virtueller Arbeitsgruppen über verschiedene Standorte hinweg möglich, zum anderen kann Arbeit sowohl im Büro, als auch daheim oder unterwegs erledigt und fortgeführt werden.[126] Die alternierende Telearbeit, d. h. die Mischform zwischen mobiler Arbeit und der Arbeit im Büro, hat sich inzwischen in vielen Bereichen zur Normalität entwickelt.[127] Besonders geeignet ist sie für Wissensarbeit, da hier keine Bindung an bspw. eine Produktionsmaschine besteht, sondern das Wissen und die Erfahrung des Wissensarbeiters das wichtigste Arbeitsmittel neben dem vernetzen Computer ist.[128]

Diese Flexibilisierungsform bringt eine ganze Reihe an Vorteilen mit sich, sowohl für die Arbeitnehmer, als auch für die Unternehmen. Als Vorteil für die Arbeitnehmer ist in erster Linie die individuelle Arbeits- und Zeiteinteilung zu nennen, die eine bessere Vereinbarung von Beruf und Familie ermöglichen soll.[129] Wird von zu Hause aus gearbeitet, so entfällt der Fahrtweg zur Arbeit, was eine Zeit- und eine Kostenersparnis (z. B. für Benzin) mit sich bringt. Die Arbeit im Homeoffice hat darüber hinaus den Vorteil, dass man weniger Ablenkung durch Kollegen hat und sich besonders gut denjenigen Aufgaben widmen kann, bei denen eine hohe Konzentration erforderlich ist. Durch die Flexibilität der eigenen Arbeitsrhythmen kann die Motivation und Zufriedenheit gesteigert werden.[130] Davon profitiert wiederum das Unternehmen, da eine höhere Produktivität und eine bessere Qualität der Arbeit zu erwarten ist. Interessant ist der Aspekt, dass die Freiräume, die sich ergeben, in der Regel nicht gegen das Unternehmen

---

[125] Vgl. Hofmann et al. 2015: 12.

[126] Vgl. ebd.: 13.

[127] Vgl. Vogl/ Kratzer 2015: 172.

[128] Vgl. Hofmann et al. 2015: 13.

[129] Vgl. Minssen 2012: 69.

[130] Vgl. Waldeck 2003: 50.

ausgenutzt werden, sondern ganz im Gegenteil zu einer stärkeren Selbstverpflichtung gegenüber dem Arbeitsprozess führen.[131]

Wenn man sich diese zahlreichen Vorteile anschaut, wundert man sich zunächst über die Maßnahme, welche die Yahoo-Chefin Marissa Mayer im Jahr 2013 umsetze: Sie ordnete per Rundmail an, dass jeder Mitarbeiter zukünftig seine Arbeit im Büro zu leisten habe, womit sämtliche mobile Arbeitsmöglichkeiten abgeschafft wurden.[132] Die Maßnahme entfachte heiße Diskussionen, setzte letztendlich jedoch die möglichen negativen Folgen der Flexibilisierung und der Entgrenzung von Arbeit in den Fokus.[133] Die Autonomieansprüche und die Privatisierung der Arbeitssituation führen dazu, dass die Grenze zwischen Arbeit und Freizeit verschwimmt.[134] Die Belastungen sind nicht zu unterschätzen, sodass es mittlerweile vielen Beschäftigten durch die ständige Erreichbarkeit schwerfällt abzuschalten.[135] Wie bereits erwähnt, steigt mit der Arbeitsautonomie die Selbstverpflichtung und dies hängt eng mit einem weiteren Flexibilisierungsaspekt zusammen – der Subjektivierung der Arbeit.

3.3.3 Subjektivierung der Arbeit

Die Subjektivierung basiert auf den dargestellten Entgrenzungsprozessen. Der Begriff bezeichnet Bewältigungsformen, mit denen Arbeitnehmer versuchen sowohl ihre persönlichen Bedürfnisse als auch ihre Sinnansprüche in den Arbeitsprozess einzubringen und mit dem Arbeitsalltag zu vereinbaren.[136] Sinnansprüche und die damit verbundenen Bedürfnisse liegen in der Natur des Menschen, auch wenn im Rahmen der Industrialisierung andere Ansätze existierten.[137] Im Fordismus und in der tayloristischen Leistungssteuerung wurde der Anteil der Arbeitssubjekte an der Arbeitssteuerung möglichst gering gehalten.[138] Die Arbeit wurde zentral gelenkt und kontrolliert und die Motivation sollte durch monetäre Anreize angetrieben werden. Das Eigeninteresse lag, so die

---

131 Vgl. Minssen 2012: 70.

132 Vgl. Hofmann et al. 2015: 15.

133 Vgl. ebd.: 15.

134 Vgl. Minssen 2012: 69 f.

135 Vgl. Hofmann et al. 2015: 15.

136 Vgl. Senghaas-Knobloch 2008: 71.

137 Vgl. ebd: 71.

138 Vgl. Kratzer et al., 2015, S. 58.

Annahme, nicht am Ergebnis der Arbeit, sondern in erster Linie am Gegenwert in Form von Vergütung. Die neuen Formen der Leistungssteigerung sind dem entgegengesetzt und orientieren sich an den Erkenntnissen aus der humanistischen Psychologie, indem Arbeitnehmer selbst bestimmen, „was sie wann, in welcher Reihenfolge und mit welchen Methoden tun"[139]. Damit sind Arbeitnehmer nicht mehr Objekte der Leistungssteuerung, sondern werden zu Subjekten und die Fremdsteuerung wird durch die Selbststeuerung (im Rahmen von fremdbestimmten Zielen des Unternehmens) ersetzt.[140]

Die Subjektivierung der Arbeit hat ein höheres Maß an Selbstorganisation und Autonomie zur Folge, wobei die flexiblen Arbeitsstrukturen den Raum für eigenorganisiertes Arbeiten erweitern. Dies bietet einerseits einen Vorteil, da es den Arbeitnehmern mehr Freiräume und Verantwortung verschafft, welche oftmals gewünscht werden. Gesamtgesellschaftlich haben sich Werte wie Freiheit, Entfaltungsmöglichkeiten und Lebensgenuss in den vergangenen Jahrzehnten etabliert.[141] Andererseits kann die Verantwortung, die sich durch die neue Leistungssteuerung ergibt, auch einen hohen Leistungsdruck erzeugen, da die entgrenzten Arbeitsstrukturen die Grenzen zwischen Arbeits- und Privatleben verschwimmen lassen und es noch schwieriger wird, sich selbst zu strukturieren. Wann endet die Arbeit und wann ist der Arbeitnehmer mit dem Resultat der Arbeit zufrieden genug? Die vermeintliche Freiheit kann dann durch das Verantwortungsgefühl für das Arbeitsresultat in eine Art Zwang umschwenken, der sich negativ auf das Wohlbefinden und die langfristige Leistungsstärke auswirken kann. In diesem Zusammenhang ist auch von Selbstausbeutung die Rede, die teilweise empirisch belegt wurde.[142] Immer häufiger erscheinen kritische Artikel in den gängigen Wirtschaftsmagazinen, die auf diese Problematik hindeuten.[143]

Damit Arbeitnehmer indirekt gesteuert werden und dennoch selbstständig arbeiten können, ohne dass sich negative Nebenwirkungen bemerkbar machen, sind neue Führungskonzepte erforderlich. Durch die zeitliche und räumliche

---

[139] ebd.: 58.
[140] Vgl. ebd.: 58.
[141] Vgl. Lang 2013: 51.
[142] Vgl. Minssen 2012: 121.
[143] Vgl. Manager Magazin, 09/2016: Die Mär von der Freiheit.

Flexibilisierung, die durch die Digitalisierung in den letzten Jahren weiterhin verschärft wurde, sowie durch die Entwicklung zu mehr Selbstorganisation, haben sich neue Anforderungen an Führung ergeben. Wie verändert sich Führung in einer grenzenlosen Arbeitswelt? Dieser Fragestellung wird im folgenden Kapitel nachgegangen.

4 Führung in entgrenzten Arbeitsstrukturen

Wie die vorigen Kapitel aufgezeigt haben, hat sich die Arbeitswelt bedingt durch den technologischen Fortschritt gravierend geändert. Die Digitalisierung ermöglicht bspw. effizientere Produktionsprozesse sowie Selbstorganisation und Partizipation für die Mitarbeiter im Unternehmen.[144] In vielen Berufen ist es möglich immer und überall zu arbeiten, was einen erhöhten Koordinations- und Abstimmungsbedarf erfordert. Es findet vermehrt virtuelle Zusammenarbeit statt und die Flexibilisierung führt zu einer Entgrenzung der Arbeit. Vor dem Hintergrund der in Kapitel 3 dargestellten Flexibilisierungstendenzen und der Prägung der Arbeitsplätze durch digitale Medien sowie der Komplexität der Märkte bezieht sich Führung mittlerweile nicht mehr auf einfache Strukturen, sondern auf ein Gefüge, das von Flexibilität, Mobilität und Digitalisierung geprägt ist. Unternehmen und Führungskräfte stehen vor einer ambivalenten Situation: Auf der einen Seite können durch die Gewährung von Autonomie bislang ungenutzte Potenziale der Mitarbeiter abgerufen und betrieblich genutzt werden; auf der anderen Seite schwindet die Kontrolle über die Nutzung und den Einsatz der individuellen Arbeitskraft und macht Führungskräfte abhängiger von der individuellen Flexibilität und Leistungsbereitschaft der Mitarbeiter.[145] Um in diesem Umfeld zu bestehen, müssen sich moderne Führungskräfte über ein hohes Maß an Führungsverantwortung bewusst sein und die Führung an die neuen Gegebenheiten anpassen.

4.1 Herausforderungen für Führungskräfte

Führungskräfte stehen vor der Herausforderung, Mitarbeiter „als Wissensarbeiter und Schöpfer von Innovationen in den Fokus zu stellen"[146]. Selbstorganisiertes Arbeiten steht im Vordergrund. Im Zusammenhang mit der stärkeren Berücksichtigung der Mitarbeiterbedürfnisse und der Schaffung klarer Zukunftsperspektiven, liegt eine wichtige Aufgabe der Führungskräfte darin, eine Vertrauenskultur zu etablieren.[147] Vertrauen ist umso wichtiger bei einer Zusammenarbeit, bei der Mitarbeiter ihre Arbeitsleistung nicht nur im Büro,

---

[144] Vgl. Franken 2016: 245.
[145] Vgl. Sauer 2005: 137.
[146] Franken 2016: 23.
[147] Vgl. ebd.: 23.

sondern auch von zu Hause oder von unterwegs erbringen oder bei Teams, die über verschiedene Standorte hinweg zusammenarbeiten. Mit der virtuellen Zusammenarbeit geht die Anforderung an die digitale und Medienkompetenz sowie an die Kommunikationsstärke einher, auch in der schriftlichen Kommunikation über die neuen Kommunikationsmedien.[148] Darüber hinaus müssen Führungskräfte die richtige Balance zwischen Präsenz und virtueller Zusammenarbeit erkennen können.[149] Schließlich liegt eine große Herausforderung darin, auf die Mitarbeiter Acht zu geben, damit durch die digitale Präsenz und damit verbundene permanente Erreichbarkeit die Work-Life-Balance erhalten bleibt.[150]

Im Folgenden werden die wichtigsten Punkte detailliert dargestellt, die von Führungs-kräften im Zusammenhang mit den aktuellen Flexibilisierungstendenzen zu beachten sind. Der Vertrauensaspekt, der an erster Stelle näher betrachtet wird, ist grundlegend für alle weiteren Aspekte.

4.1.1 Vertrauen

Die Relevanz des Vertrauensaspektes wird im Konzept der transformationalen Führung aufgegriffen. Während es bei der transaktionalen Führung darum geht, Einfluss durch Belohnung oder Sanktion sicherzustellen, konzentrieren sich transformationale Führungskräfte auf den Aufbau emotionaler Bindungen zu den Mitarbeitern, um ihre Einstellungen und Werte derartig zu beeinflussen, dass sie bestmögliche Leistungen erbringen.[151] Vertrauen in die Führungskraft führt tendenziell zu höherer organisationaler Verbundenheit und hat sowohl einen positiven Einfluss auf die Arbeitszufriedenheit[152] als auch auf die Zufriedenheit mit Kommunikationsprozessen, so dass weniger Konfliktpotenzial entsteht.[153] Mitarbeiter, denen ein hohes Maß an Vertrauen in ihre Kompetenz entgegengebracht wird, zeigen ein freiwilliges Engagement auch außerhalb der vertraglichen Verpflichtungen Verantwortung zu übernehmen.[154] Betrachtet man

---

148 Vgl. ebd.: 245.

149 Vgl. ebd.: 245.

150 Vgl. ebd.: 245.

151 Vgl. Eberl/ Möller 2016: 74.

152 Vgl. ebd.: 78.

153 Vgl. Gilbert 2007: 77 f.

154 Vgl. Eberl/ Möller 2016: 79.

das grundlegende Ziel von Führung, die zielbezogene Einflussnahme (vgl. Kapitel 2.1), so lässt sich ein moderierender Effekt von Vertrauen feststellen, d. h. die Einflussmöglichkeit der Führungskraft steigt mit dem Maß an entgegengebrachtem Vertrauen.[155] Traditionelle Machtbasen, wie es im transaktionalen Konzept mit Belohnung und Bestrafung gegeben ist, scheinen hingegen einen negativen Effekt auf das Vertrauensverhältnis zu haben, weshalb die Erfolgswahrscheinlichkeit von Einflussversuchen langfristig negativ prognostiziert wird.[156]

Die Führungsforschung hat schon vor relativ langer Zeit erkannt, dass Vertrauen von großer Relevanz ist.[157] Gerade in einer schnelllebigen Zeit und bei dezentralen Arbeitsplätzen ist dieses für ein gutes Arbeitsklima grundlegend. Vertrauen kann die Entscheidungsfeldkomplexität reduzieren und Transaktionen ermöglichen, die ohne diese Basis nicht denkbar wären.[158]

4.1.2 Partizipation

Besonders wichtig im Zusammenhang mit Vertrauen ist die Stärkung der Autonomie der Mitarbeiter, damit die Entscheidungs- und Partizipationsspielräume erweitert werden können.[159] Hierarchische Organisationsstrukturen in Verbindung mit einem autoritären Führungsstil sind immer noch weit verbreitet und akzeptiert, obwohl sie die Innovationsfähigkeit von Unternehmen stark behindern.[160] Die bloße Optimierung und Standardisierung im „Scientific Management" führte im letzten Jahrhundert zwar zu höherer Produktivität, jedoch kann durch eine derartige Herangehensweise nicht die heute so wichtige Agilität und Innovationskraft im Unternehmen vorangetrieben werden.[161] Autoritäre Führungsmethoden, die bei der Fließbandarbeit mit homogenen Belegschaften geeignet waren, haben heute ausgedient.[162] Mit einer eindimensionalen Führungsorganisation, in der jeder

---

[155] Vgl. ebd.: 80.

[156] Vgl. ebd.: 80.

[157] Vgl. ebd.: 73.

[158] Vgl. Gilbert 2007: 71.

[159] Vgl. Franken 2016: 23.

[160] Vgl. Summa 2016: 16.

[161] Vgl. Stoffel 2016: 206.

[162] Vgl. Franken 2016: 24.

Bereich identisch und meistens nach dem klassischen Top-Down Prinzip geführt wird, kommen Unternehmen an ihre Grenzen.[163] Da die autoritäre Führungskultur zu schwerfällig ist, um in der schnelllebigen Zeit mitzuhalten, ist ein moderner Ansatz nötig. Damit die wirtschaftlichen und sozialen Ziele des Unternehmens in der „neuen" Arbeitswelt erreicht werden können, ist somit eine Neudefinition der Führungsbeziehungen und der Rolle der Mitarbeiter von großer Bedeutung.[164]

Hierarchien müssen flacher werden und es muss möglich sein, dass Entscheidungen auf unteren Hierarchieebenen ohne Anweisungen von oben gefällt werden können. Das fordistische System, in dem Anweisungen von oben kennzeichnend waren, ist zur heutigen Zeit nicht mehr erfolgsversprechend. „Persönlichkeitsentwicklung wird zum entscheidenden Erfolgsfaktor für Unternehmen: die [sic!] individuelle Transformation als Voraussetzung für die Transformation des Unternehmens."[165] Durch vertrauensbasierte Führung erhalten Mitarbeiter größere Handlungsspielräume, wodurch die Innovationskraft und Flexibilität von Mitarbeitern und Unternehmen gestärkt werden kann.[166] Traditionelle Führungsinstrumente verlieren damit an Bedeutung.

4.1.3 Kommunikationsstärke und Feedbackkompetenz

Die Qualität und Quantität der Kommunikation steht im engen Zusammenhang mit dem Aufbau von Vertrauen und der Beziehungsqualität.[167] Alle Kommunikationsprozesse, die innerhalb des Unternehmens zwischen den Unternehmensmitgliedern stattfinden, lassen sich unter dem Begriff „interne Kommunikation" zusammenfassen.[168] Kommunikation ist im menschlichen Alltag elementar. Jeder Mensch kommuniziert bewusst oder unbewusst sowie verbal und/ oder nonverbal.[169]

---

[163] Vgl. Stoffel 2016: 208 f.

[164] Vgl. Franken 2016: 23.

[165] Brandstetter/ Sander 2016: 170.

[166] Vgl. Keuper 2016: 5.

[167] Vgl. Franken 2016: 222.

[168] Vgl. Mast 2014: 1123, zitiert nach Hinzmann/ Krystek 2016: 147.

[169] Vgl. Hinzmann/ Krystek 2016: 144.

Verbale Kommunikation findet über Worte statt und kann sowohl mündlich, als auch schriftlich erfolgen. Zur mündlichen Kommunikation gehören z. B. Meetings, Ansprachen, Gruppendiskussionen und der informelle Austausch.[170] Durch die aktuelle Technologie ist darüber hinaus verbale mündliche Kommunikation über Telefonate oder Videokonferenzen möglich.[171] Besonders bei virtuellen Teams sind regelmäßige Besprechungen nötig, da informelle Treffen und spontane Absprachen wegfallen. Eine besonders wichtige Art der Verständigung zwischen Führungskraft und Mitarbeiter sind Mitarbeitergespräche. Dazu gehören Zielvereinbarungsgespräche, Feedbackgespräche, Potenzial- und Fördergespräche sowie Einführungsgespräche für neue Mitarbeiter.[172] Diese Art von Gesprächen sollten ordentlich und durchdacht vorbereitet, durchgeführt und nachbereitet werden, um einen fairen, wertschätzenden Umgang mit dem Mitarbeiter zu gewährleisten, was wiederum für das Vertrauensverhältnis grundlegend ist. Feedbackgespräche sind auch in Form von laufenden, regelmäßigen Resonanzen zu empfehlen, um aufgetretene Probleme oder Fehler in Zukunft zu vermeiden. Darüber hinaus wird durch regelmäßiges Feedback Anerkennung vermittelt, die sich förderlich auf die Motivation der Mitarbeiter auswirken kann. Neben der mündlichen findet man in der heutigen Arbeitswelt auch sehr viel schriftliche Kommunikation, die durch die Digitalisierung immer wichtiger geworden ist. So kann laufendes Feedback bspw. auch mit der Digitalisierung verbunden werden, indem Feedback per Textmitteilung auf das Smartphone des Mitarbeiters geschickt wird. In diesem Fall sollte es sich allerdings nur um positives Feedback und nicht um Kritik handeln.[173] Für negatives Feedback ist der persönliche Rahmen zu bevorzugen, da hier Missverständnisse leichter vermieden werden können. Im Wesentlichen wird die schriftliche Kommunikation heute durch das Medium Email dominiert, so dass Inhalte teilweise per Email „besprochen" werden, selbst wenn sich die kommunizierenden Personen in einem Raum befinden. Weitere schriftliche Kommunikationsmittel sind z. B. Briefe, SMS, Firmenzeitschriften, Aushänge und Post-it-Zettel.[174]

---

[170] Vgl. Franken 2016: 223.
[171] Vgl. ebd.: 223.
[172] Vgl. ebd.: 226.
[173] Vgl. ebd.: 227.
[174] Vgl. ebd.: 223.

Nonverbale Kommunikation zeichnet sich durch Mimik, Gestik und die Körperhaltung sowie durch die Modulation der Stimme (paraverbale Kommunikation) aus.[175] Mit einer aufrechten, aktiven Körperhaltung wird z. B. Stärke und Zielstrebigkeit verbunden.[176] Durch nonverbale Kommunikation kann die Bedeutung des Gesprochenen variieren, z. B. zu einer Verstärkung durch einen lauten Befehlston oder zu Ironie, sodass sich die Bedeutung der Aussage in das Gegenteil verwandelt.[177] Die nonverbale Kommunikation kann einen großen Einfluss auf die Beziehung zwischen Führungskraft und Mitarbeiter haben. Stimme und Gesichtsausdruck können Unaufrichtigkeit verraten, eine laute, grobe Stimme kann bei ausgesprochener Kritik einen Beigeschmack von Beleidigung bekommen und zu Demotivation führen und die leise Stimme eines Projektleiters in einem Meeting kann zur Folge haben, dass die Mitarbeiter wenig enthusiastisch an dem Projekt arbeiten werden.[178]

Die schriftliche Kommunikation hat üblicherweise keine nonverbalen Aspekte. Daher ist es hier besonders wichtig darauf zu achten, wie schriftlich formuliert wird und ob bestimmte Angelegenheiten bevorzugt im persönlichen Gespräch kommuniziert werden sollten, um Missverständnisse zu vermeiden. Ein Mittel, um der schriftlichen Kommunikation einen gewissen nonverbalen Ausdruck zu verleihen, sind die sogenannten Emoticons, wie z. B. der lachende Smiley (☺). Von deren Gebrauch im geschäftlichen Umfeld ist Führungskräften jedoch eher abzuraten, wenn man nach den Ergebnissen einer Studie von Riethmüller und Boos (2011) geht, die zu dem Ergebnis kam, dass sich Emoticons negativ auf die Wahrnehmung der Führungseigenschaften auswirkt.[179] Weitere Forschungsergebnisse zu dem Thema bleiben abzuwarten.

Es kann festgehalten werden, dass Kommunikation nach wie vor eine sehr große Rolle bei der Führung spielt. Die interne Kommunikation kommt in der heutigen, digitalisierten und schnelllebigen Zeit häufig zu kurz, da ein hoher Zeitdruck und Stress besteht, die Informationsmenge stark ansteigt und das Umfeld durch die Häufung der Ereignisse immer komplexer wird. Führungskräfte müssen darauf

---

[175] Vgl. ebd.: 224.
[176] Vgl. ebd.: 224.
[177] Vgl. ebd.: 224.
[178] Vgl. ebd.: 224.
[179] Vgl. Riethmüller/ Boos 2011.

achten, dass alle relevanten Informationen rechtzeitig bei ihren Mitarbeitern ankommen, bevor sie gewisse Dinge über den „Flurfunk" oder überhaupt nicht erfahren. Mängel in der internen Kommunikation können zu schwindendem Vertrauen und in den schlimmsten Fällen zu innerer Kündigung oder Fluktuation führen, während die Informierung der Mitarbeiter und deren Einbeziehung in den Kommunikationsprozess als Grundlage für den Unternehmenserfolg zu sehen sind. Darüber hinaus müssen Führungskräfte jedoch auch ein Auge darauf haben, dass die Mitarbeiter durch eine Informationsüberflutung nicht überfordert werden, da durch die Vielzahl vorhandener Informationen innovative Ideen verloren gehen können.[180] Für den gesamten Führungsprozess ist die richtige Kommunikation nach wie vor von großer Relevanz und wird umso relevanter, je virtueller die Zusammenarbeit wird. Kommunikation muss viel leisten: Neben Informationsweitergabe, Abstimmung und Orientierung sind es Aufmerksamkeit und Wahrnehmung, da Mitarbeiter in ihrer Arbeitsleistung und als Mensch mit sozialen Bedürfnissen gesehen werden wollen.[181]

4.1.4 Digitale Kompetenz und Medienkompetenz

Die Digitalisierung erfordert von Führungskräften digitale und Medienkompetenz im Hinblick auf die Nutzung digitaler Medien. Darüber hinaus müssen sie dafür sorgen, dass ihre Mitarbeiter sich mit den neuesten Technologien auskennen. Besonders für die virtuelle Zusammenarbeit sind Offenheit und der sichere Umgang mit den neuen Kommunikationsmedien unabdingbar. Durch flexible Arbeitszeiten und -orte sind die Mitarbeiter nicht mehr zu festen Arbeitszeiten gleichzeitig im Büro, sondern arbeiten in unterschiedlichen Zeitfenstern, im Homeoffice, von unterwegs oder dauerhaft über verschiedene Standorte (teilweise über verschiedene Kontinente) hinweg in virtuellen Teams. Dadurch wird der direkte Kontakt geringer und digitale Kommunikationsmittel gewinnen an Bedeutung. Die zeitliche und räumliche Distanz sorgt einerseits für eine operative Distanz im Sinne von einer Erschwerung der effizienten Zusammenarbeit und andererseits für eine beziehungsbezogene Distanz, durch die das Entstehen von Vertrauen und Zusammenhalt gehemmt wird.[182] Kommt es durch die Flexibilisierung der Arbeit, sei es durch gänzlich virtuelle Teams oder

---

[180] Vgl. Schwarzmüller/ Brosi/ Welpe 2015: 159.
[181] Vgl. Hofmann et al. 2015: 63.
[182] Vgl. Franken 2016: 74.

auch durch unterschiedliche Arbeitszeiten und -orte, zu reduzierten persönlichen Kontakten und emotionalen Beziehungen, müssen Führungskräfte gezielt Vertrauen fördern.

Virtuelle Führung lässt sich durch klassische und durch neuere Informations- und Kommunikationsmittel realisieren. Zu der klassischen Form zählen z. B. Emails, Intranet, Chats und Foren, bei denen der geregelte Informationsaustausch im Vordergrund steht.[183] In den letzten Jahren kamen Web 2.0 und soziale Netzwerke hinzu, wobei hier der Schwerpunkt der Informationsbereitstellung beim Anwender liegt.[184] Die Vorteile vom Einsatz von Social Media in der Führung sind vielfältig: Eine offenere Kommunikation, eine stärkere Vernetzung der Mitarbeiter, ein offenerer Informationszugang, eine höhere Agilität und eine intensivere abteilungsübergreifende Zusammenarbeit werden ermöglicht.[185] Dadurch, dass Inhalte nicht nur von Führungskräften, sondern von jedem einzelnen Mitarbeiter mitgestaltet werden können, verlieren diese jedoch zunehmend die einseitige Kontrolle über die Informationsweitergabe, was die Beziehung zwischen Führungskraft und Mitarbeitern verändert und für mehr Partizipation und Demokratie im Unternehmen sorgt.[186] Über diese Veränderungen sollten sich Führungskräfte bewusst sein und auch in diesem Zusammenhang ist der Aufbau einer guten Vertrauensbeziehung zu den Mitarbeitern essentiell.[187] Mit einem umsichtigen Umgang und Einsatz der verschiedenen Medien und der Fähigkeit die mündliche und schriftliche Kommunikation adäquat einzusetzen (vgl. Kap. 4.1.2), können Führungskräfte zur Entwicklung von Vertrauen einen maßgeblichen Beitrag leisten.

4.1.5 Balance zwischen Präsenz und virtueller Arbeit

Besonders Führungskräfte in der Werbebranche werden kritisiert: In Agenturen herrscht oft eine Kultur mit der Devise, dass nur derjenige wirklich gut ist, der lange im Büro sitzt und dass Nachtschichten zum guten Ton der Werbe-Szene gehören.[188] Hier wird einerseits die Mehrarbeit kritisiert, aber andererseits auch

---

[183] Vgl. ebd.: 73.

[184] Vgl. ebd.: 73.

[185] Vgl. Petry/ Schreckenbach 2015: 62.

[186] Vgl. Franken 2016: 74 f.

[187] Vgl. ebd.: 75.

[188] Ayberk et al. 2017: 89.

die Sichtweise, dass die Präsenzkultur der Ergebniskultur vorgezogen wird. Ayberk, Kratzer und Linke (2017) sind hingegen der Auffassung, dass sich die flexiblen Arbeitszeiten und der Abschied der Präsenzkultur rückblickend vielleicht einmal als „eine der wichtigsten und sichtbarsten Veränderungen der Arbeitskultur im frühen 21. Jahrhundert"[189] herausstellen könnten. Durch die Flexibilisierung der Arbeitszeiten und Arbeitsorte wird die Arbeitsqualität neu definiert: Die Ergebnisorientierung rückt in der Vordergrund und ersetzt die Präsenzpflicht.[190] Es kommt nicht mehr darauf an, ob jemand „nine-to-five" seinen Job macht, sondern auf das Ergebnis seiner Arbeit. In diesem flexiblen Umfeld ist es wichtig, die Autonomie der einzelnen Mitarbeiter zu stärken, damit ihre Entscheidungs- und Partizipationsspielräume erweitert werden können.[191] Gute Leistungen werden insbesondere dann erzielt, wenn die Handlungs- und Gestaltungsfreiräume groß sind.[192] Gleichzeitig müssen Führungskräfte jedoch auch die Fähigkeit haben zu beurteilen, inwieweit die zu bewältigenden Aufgaben präsenzorientiert oder virtuell und selbstorganisiert erfolgen können oder sollten.[193] Dabei ist z. B. ein persönliches Treffen bei der Erledigung komplizierter Aufgaben zu empfehlen, während bei einfachen, wenig strukturierten Aufgaben die Bearbeitung über E-Mails ausreichend ist.[194]

Mobile, virtuelle Arbeit bietet viele Vorteile. So ermöglichen die neuen Medien z. B. eine offenere Kommunikation und einen offeneren Informationszugang, eine stärkere Vernetzung der Mitarbeiter und eine intensivere Zusammenarbeit auch über Distanzen hinweg.[195] Trotz der vielen technischen Möglichkeiten spielt das Bedürfnis nach persönlichem, physischem und realem Austausch in der digitalisierten Arbeitswelt eine große Rolle.[196] Wird überwiegend schriftlich kommuniziert, entfallen nonverbale Kommunikationsinstrumente sowie spontane Treffen und Begegnungen und schließlich mangelt es an

---

[189] ebd.: 92.

[190] Vgl. Franken 2016: 13.

[191] Vgl. ebd.: 23.

[192] Vgl. ebd: 155.

[193] Vgl. Picot/ Neuburger 2013: 8.

[194] Vgl. Wald 2014: 363.

[195] Vgl. Franken 2016: 74.

[196] Vgl. ebd.: 75.

vertrauensbildenden Aktivitäten.[197] Darüber hinaus kann es bei Mitarbeitern, die überwiegend flexibel arbeiten, an fachlichem Austausch mangeln und der Kontakt zum Geschehen kann leicht verloren gehen.[198] Die Herausforderung für Führungskräfte besteht hierbei in der Fähigkeit zum Zuhören und zur Wahrnehmung nicht sichtbarer Vorgänge – sie müssen Aufmerksamkeit hinsichtlich der Aktivitäten der Mitarbeiter, ihrer zeitlichen Verfügbarkeit, des Projektablaufs und der Anforderungen an die Mitarbeiter sowie ihrer sozialen Belange aufbringen.[199] Distanz und ein Mangel an Vertrauen kann Leistungszurückhaltung und Passivität der Mitarbeiter zur Folge haben.[200] Führungskräfte müssen daher auf ein Gleichgewicht zwischen digitaler und analoger Kommunikation achten – dies ist wesentlich für den Führungserfolg.[201]

4.1.6 Balance zwischen Arbeit und Leben

Die neuen Verantwortungsbereiche und Gestaltungsspielräume fördern die Innovationskraft im Unternehmen. Für Mitarbeiter bieten flexible Arbeitsstrukturen den Vorteil, dass sie die Arbeit besser auf ihre persönlichen Bedürfnisse und privaten Belange abstimmen können. In einem flexiblen Arbeitsumfeld muss man sich morgens nicht mehr unter Stress setzen lassen, die richtige Bahn zu erreichen, um pünktlich im Büro zu sein. Vertrauensarbeitszeit löst Präsenzzeit ab und durch den Wegfall der Stechuhr-Mentalität wird weniger Druck empfunden und das Verantwortungsbewusstsein gestärkt.[202] Überdies ermöglichen mobile Geräte, wie z. B. Notebooks oder Smartphones, das mobile Arbeiten von unterwegs, was laut der BITKOM Studie „Arbeiten in der digitalen Welt" von 2013 bereits 55 Prozent der Erwerbstätigen in Deutschland nutzten.[203] Im Rahmen dieser flexiblen Strukturen haben Führungskräfte in der Regel nicht die Befürchtung, dass Mitarbeiter unmotiviert seien oder zu wenig arbeiten könnten.[204] Dies bestätigt auch die Studie von Kelliher und Anderson (2010), in der festgestellt wurde, dass flexibel arbeitende Mitarbeiter im Vergleich zu

---

197 Vgl. ebd.: 74.
198 Vgl. Klimmer/ Selonke 2017: 152.
199 Vgl. Hunsaker/ Hunsaker 2008.
200 Vgl. Wald 2014: 370.
201 Vgl. Franken 2016: 75.
202 Vgl. Wilken 2017: 265.
203 Vgl. Franken 2016: 83.
204 Vgl. Ayberk et al. 2017: 87.

Mitarbeitern mit festen Arbeits- und Präsenzzeiten zusätzliche Leistung erbringen.[205]

Es ergibt sich im Gegenteil ein andere Herausforderung: Mit der neuen Flexibilität vermischen sich die Bereiche Arbeit und Privat immer stärker und die permanente Erreichbarkeit und die Entgrenzung können zu einer Unausgewogenheit zwischen Arbeits- und Privatleben und damit zu psychischen Belastungen, Überforderung oder sogar Burn-Out führen.[206] Auch hoher Leistungs- und Termindruck sowie die Fülle von Informationen führen zu einem immer höheren Stressempfinden bei Mitarbeitern.[207] Die moderne Arbeitswelt mit ihren Anforderungen an Flexibilität wird dem menschlichen Grundbedürfnis nach Stabilität immer weniger gerecht.[208] Die BITKOM Studie 2013 ergab, dass 77 Prozent aller Berufstätigen in Deutschland über Handy oder Email für ihre Kunden, Vorgesetzten und Kollegen außerhalb der regulären Arbeitszeiten erreichbar waren.[209] Durch die sozialen Netzwerke in Organisationen kann ein hoher Druck entstehen und so kann es sein, dass man sich gegenseitig in der High-Performance-Organisation hochschaukelt.[210] So kann durch Flexibilität ein großer Druck aufgebaut werden und die Selbstorganisation kann zu einer Art Selbstausbeutung werden.

Führungskräfte sind gefordert die Verantwortung für das gesundheitliche Wohlergehen zu übernehmen und mit gutem Beispiel voranzugehen. Sie sind als Vorbilder und Gestalter der Unternehmenskultur für das Vorleben von Verhaltensweisen und Werten verantwortlich.[211] Sie haben einen maßgeblichen Einfluss darauf, wie Mitarbeiter sich fühlen.[212] Wenn ein Vorgesetzter morgens als erster im Büro sitzt und abends als letzter geht und innerhalb dieser zwölf oder mehr Stunden erwartet, dass seine Mitarbeiter die ganze Zeit zur Verfügung stehen, dann kann nicht von einem gesundheitsgerechten Verhalten die Rede

---

[205] Vgl. Kelliher/ Anderson 2010.

[206] Vgl. Franken 2016: S. 84.

[207] Vgl. Queckenstedt 2017: 303.

[208] Vgl. Schröder 2009: 162.

[209] Vgl. Franken 2016: 83.

[210] Vgl. Ayberk et al. 2017: 87.

[211] Vgl. Franken 2016: 84.

[212] Vgl. Queckenstedt 2017: 309.

sein.[213] Auch das Versenden von Emails in den späten Abendstunden kann Druck erzeugen, weshalb eine Führungskraft mit Nachdruck deutlich machen sollte, dass sie in diesen Fällen keine Reaktion erwartet.[214] Das Aufstellen verbindlicher Regeln, was die Benutzung bzw. Abschaltung von digitalen Geräten angeht, ist empfehlenswert.[215] Die größte Anforderung an die Führungskräfte ist der verantwortungsvolle Umgang mit der Zeit, den sie ihren Mitarbeitern vorleben müssen.[216] Sie müssen ihre Mitarbeiter vor ihrem eigenen Ehrgeiz bewahren und ihre eigene Belastung steuern, damit die Mitarbeiter entsprechend handeln.

4.2 Erweiterte Führungsmodelle in Zeiten der Digitalisierung

Die bisherigen Ausführungen verdeutlichen: Führung hat sich insbesondere in den letzten zehn Jahren gravierend verändert. Es ist nicht klar abzugrenzen, was eine Führungskraft der Zukunft auszeichnet, aber es steht fest, dass einige Führungsgrundlagen aus der Vergangenheit ihre Bedeutung verloren haben und neue Ansprüche hinzukommen.[217] Einstellungen und Führungsmethoden müssen überdacht werden. Eine autoritäre Führungskultur muss einer modernen Führungskultur weichen, die auf flexible und offene Netzwerkstrukturen sowie auf Vertrauen in die Mitarbeiter, ihre Eigenverantwortung und Vernetzung untereinander und den Kunden setzt.[218] Führung braucht aufgrund des Wandels in der Arbeitswelt einen Paradigmenwechsel.

Auch wenn die Mitarbeiter autonomer handeln, bleibt die Rolle der Führungskraft nach wie vor von Relevanz: Führungskräfte sind insbesondere wichtig für die dauerhafte Kommunikation und Information, wodurch sie wesentlich für eine reibungslose Zusammenarbeit und den Zusammenhalt des Teams sorgen können.[219] Mitarbeiter müssen die Gesamtziele und ihren Beitrag dazu kennen.[220]

---

[213] Vgl. Feldhaus 2017: 422.

[214] Vgl. ebd.: 422.

[215] Vgl. Franken 2016: 84.

[216] Vgl. Ayberk et al. 2017: 92.

[217] Vgl. ebd.: 34.

[218] Vgl. Grabmeier 2015: 2.

[219] Vgl. Hofmann et al. 2015: 36.

[220] Vgl. Franken 2016: 46.

Weniger die Kontrolle als vielmehr das Coachen und Fördern von Mitarbeitern sowie das Wissensmanagement stehen im Mittelpunkt.[221]

In der Literatur sind verschiedene Ansätze zu finden, in denen versucht wird, die zunehmende Führungskomplexität und die neuen Herausforderungen zu berücksichtigen. Nachfolgend wird ein umfangreiches Konzept, das 4D-Modell der Führung vorgestellt, welches die aktuellen Entwicklungen aus Sicht der Autorin, auch im Hinblick auf die zunehmende Digitalisierung berücksichtigt. Im Anschluss daran soll verdeutlicht werden, dass moderne mehrdimensionale Führungsansätze grundsätzlich auf vier Grundpfeilern stehen, was im InLeaVe® New Leadership Modell zum Ausdruck kommt. Im Rahmen dieser Darstellung wird ein Kurzüberblick zu verschiedenen Ansätzen gegeben, welche die Gegebenheiten der neuen Arbeitswelt zu berücksichtigen versuchen.

4.2.1 DasD-Modell der Führung

Das 4D-Modell der Führung geht auf die aktuellen Anforderungen ein und versucht die zentralen Dimensionen einer zukunftsorientierten Führung zu beschreiben.[222] In die-sem Modell werden die Anforderungen, wie sie im Wesentlichen im vorangegangenen Kapitel ausgeführt wurden, über die 4D – Digitalisierung, Diversität, Demokratie und Dynamik – reflektiert.

Abb. 6: Führung 4D (Franken 2016: 48)

---

[221] Vgl. Jenner 2015: 202.

[222] Vgl. zu den Ausführungen dieses Modells Franken 2016: 47 ff.

Das Modell beschreibt Gestaltungsdimensionen, die jedes Unternehmen als Anregung nutzen und individuell und schrittweise umsetzen sollte:

Digitalisierung

Durch die Digitalisierung sind insbesondere in den letzten Jahren neue Herausforderungen entstanden. Die Arbeitswelt verändert sich, sodass viele Prozesse automatisch ablaufen können und die Kompetenzen der Mitarbeiter immer wichtiger werden. Führungskräfte müssen den Mitarbeitern diesbezüglich Orientierung bieten und Zukunftsperspektiven aufzeigen. In diesem Zusammenhang müssen sie entscheiden, wieviel Digitalisierung bzw. Automatisierung im Unternehmen adäquat ist. Sie müssen Medienkompetenz besitzen und dafür sorgen, dass die Mitarbeiter entsprechendes Know-How haben. Darüber hinaus müssen sie die digitale Kommunikation sinnvoll und effizient in ihren Führungsprozess einbauen. Ebenso spielt der Aufbau von Vertrauen im virtuellen Kontext eine große Rolle.

Diversität

Die Vielfalt der heterogenen Belegschaft sollten Führungskräfte nutzen, damit Potenziale optimal genutzt werden können. Anstatt alle Mitarbeiter in eine Richtung zu verändern oder zu verbessern, sollten Talente erkannt und diese entsprechend eingesetzt und gefördert werden. Die Wertschätzung sollte stets Aufgabe der Führung sein. Die Vereinbarkeit von Beruf und Familie kann durch flexible Arbeitszeitmodelle verbessert werden, wobei hier auf die Ansprüche der verschiedenen Beschäftigungsgruppen Rücksicht genommen werden sollte. Auch Gesundheitsmanagement spielt eine große Rolle, wobei anzuraten ist, die Angebote zielgruppenspezifisch zu kommunizieren.

Demokratie

Arbeit ist nicht mehr Mittel zum Zweck, sondern eine Möglichkeit, eigene Fähigkeiten und Talente zu realisieren. Mitarbeiter wünschen sich Mitgestaltungsmöglichkeiten und Partizipation, was durch die Digitalisierung vereinfacht wird. Die Tendenz geht dahin, dass Unternehmen weniger autoritär geführt werden, sondern dass netzwerkartige Strukturen geschaffen werden, in denen selbstorganisiert gearbeitet wird, was sowohl Arbeitszeit und -ort, als auch (zum Teil) die Arbeitsaufgaben angeht. Die Herausforderung für die Führung: Macht abgeben und teilen, delegieren und kooperieren. Außerdem muss entschieden werden, wieviel direkte Demokratie sinnvoll ist und welche Maßnahmen dafür erforderlich sind.

Dynamik

Flexibilität, Lern- und Veränderungsbereitschaft sind in der heutigen Arbeitswelt für eine erfolgreiche Führungskraft Voraussetzung. Sie muss bei Führungskräften, aber auch bei Mitarbeitern gefördert werden. Führungsmethoden und -instrumente müssen je nach Situation angepasst werden, insbesondere auch im Hinblick auf wechselnde Mitarbeiter aufgrund der Vermehrung von Projektarbeit. Agilität ist ein wichtiger Aspekt, aber ebenso muss das Verhältnis zur Stabilität ausgeglichen sein, so dass Organisationsstrukturen sowohl fest, aber auch gleichzeitig flexibel angelegt sind. Eine wichtige Führungsaufgabe in diesem Umfeld ist das Zulassen von Fehlern und der Freiraum für Experimente, damit die Innovationskraft des gesamten Unternehmens vorangetrieben werden kann. Dabei sollte das eigene Führungsverhalten stets reflektiert werden.

Wie aus Abb. 6 hervorgeht, ist die Basis für die Gestaltung von effizienter Führung in der modernen Arbeitswelt eine Unternehmenskultur, die auf Vertrauen, Fehlertoleranz, Respekt und Wertschätzung aufbaut.

4.2.2 Das InLeaVe® New Leadership Modell

Moderne, mehrdimensionale und integrative Führungsansätze haben vier gemeinsame tragende Grundpfeiler: Beziehung, System, Partizipation und Sinn.[223] Diese werden im New Leadership Modell aufgegriffen und im Folgenden erläutert.[224] Anschließend werden jedem Grundpfeiler beispielhafte Theorien zugeordnet.[225] Abb. 7 zeigt die vier Grundpfeiler. Flexibilisierung umfasst alle vier Pfeiler, da diese zwar grundlegend statisch, aber in der konkreten Ausgestaltung organisationsspezifisch und dynamisch sind.

---

[223] Vgl. Au, 2016, S. 13.

[224] Vgl. ebd., S. 13 ff.

[225] Die verschiedenen Theorien werden aus Platzgründen nicht alle im Einzelnen detailliert dargestellt, jedoch dient ihre Erwähnung zum besseren Verständnis, wie sich in der wissenschaftlichen Forschung dem Phänomen Führung auf der jeweiligen Betrachtungsebene genähert wurde.

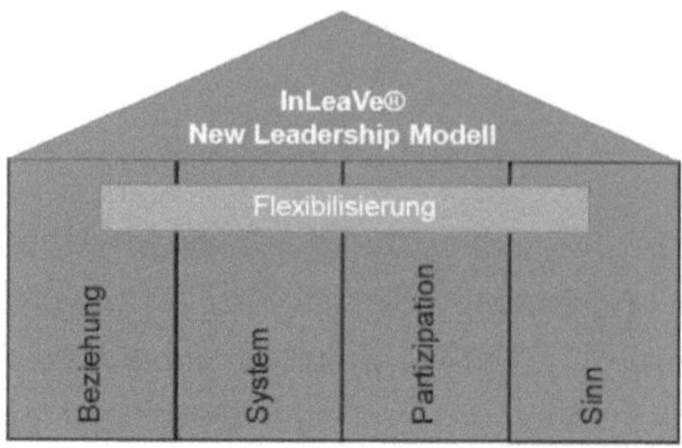

Abb. 7: InLeaVe® New Leadership Modell (Au 2016: 20)

Grundpfeiler 1: Beziehung

Führung wird als Beziehungs- und Interaktionsphänomen verstanden, wobei die Individualität der Mitarbeit im Fokus steht. Es handelt sich um eine wechselseitige Transformation von Führenden und Geführten und gemäß der Theorie der transformationalen Führung wird hier die instrinsische Motivation einbezogen. Höhere Produktivität und moralisches Verhalten werden aufgrund der Transformation von Führer und Geführten durch die vier I's erzeugt: Inspirierende Motivation, intellektuelle Stimulierung, idealisierter Einfluss, individuelle Förderung. Weitere Führungsansätze, die sich auf die Beziehungsebene konzentrieren sind z. B.: Die Leader-Exchange-Theorie, die emotionale Führung, die charismatische Führung sowie die genderorientierten Führungstheorien.

Grundpfeiler 2: System

Nicht die Individualebene, sondern das Organisationssystem stehen im Fokus und nicht die Führungskraft selbst, sondern die Organisation als System wird betrachtet. In systemorientierten Ansätzen wird davon ausgegangen, dass die Führungskraft nicht alles zielgerichtet lenkt, sondern dass sich die Organisation durch Selbstorganisation steuert. Der Ansatz fokussiert auf Kommunikationsprozesse und interaktive Abhängigkeiten, wobei die Führungskraft die Rolle einnimmt, Entwicklungsprozesse in Gang zu setzen und Strukturen zu verbessern. Systemische Führungsansätze sind z. B.: Die symbolische Führung oder das Social Identity Model of Leadership.

Grundpfeiler 3: Partizipation

Hier geht es um agile oder sogar geteilte Führung in verschiedenen Ausprägungen im Rahmen von Flexibilisierung und Partizipation. Der autoritäre Stil spielt hier keine Rolle mehr. Führungsansätze, die sich auf Partizipation beziehen, sind demokratisch bzw. kooperativ. Die drei Hauptansätze auf diesem Grundpfeiler sind die agile Führung, die geteilte Führung und das Konzept des Job Crafting Leaderships. Führungskräfte sind hier entweder Dienstleister für ihre Mitarbeiter mit Fokus auf die individuelle Weiterentwicklung (auch Enabler) oder Förderer der Selbstführung der Mitarbeiter.

Grundpfeiler 4: Sinn

Beim Grundpfeiler „Sinn" handelt es sich um die „weichen" Führungsansätze, die durch neurowissenschaftliche Erkenntnisse bestätigt werden. Als Überbegriff kann in diesem Zusammenhang von Neuroleadership gesprochen werden, das auf den wissenschaftlichen Erkenntnissen zur Gehirnforschung basiert. Bspw. werden hierüber behavioristische und humanistische Grundannahmen bezüglich der Bedeutung des Belohnungssystems für die Motivation bestätigt. Außerdem wird belegt, dass Stress psychische und physische Erkrankungen zur Folge haben kann. Theoretische Ansätze sind die emotionale Führung, die Konsistenztheorie von Grawe oder Ansätze zu gesunder, achtsamer oder spiritueller Führung, die jeweils wissenschaftlich fundiert sind.

Was lässt sich abschließend zu diesen erweiterten Führungsmodellen sagen? Sie sind komplex. Sie sind multidimensional. Sie müssen sehr viele verschiedene Aspekte berücksichtigen, um einen sinnvollen Beitrag zu einem möglichen Führungserfolg leisten zu können. Es gibt nicht das eine Führungsmodell, sondern viele Ansätze mit verschiedenen Schwerpunkten. Es kann konstatiert werden, dass traditionelle Führungsmodelle abgelöst wurden. Die moderne Arbeitswelt ist flexibel, geprägt von Digitalisierung und insgesamt sehr komplex, sodass heute viele Variablen berücksichtigt werden müssen. Das InLeaVe® New Leadership Modell gibt darüber einen guten Überblick, während das 4D-Modell die Einflüsse detaillierter schildert.

Der theoretische Hintergrund wurde von vielen Seiten beleuchtet und in Kapitel 4 wurden schließlich die neu zu beachtenden Aspekte der Führung aus der Literatur-recherche zusammengetragen. Im folgenden Kapitel soll nun ein Praxisbezug hergestellt werden, indem Führungskräfte der Serviceplan Gruppe befragt werden, wo sie die Herausforderungen in der modernen Arbeitswelt sehen. Die Ergebnisse aus der Befragung sollen die theoretischen Erkenntnisse ergänzen.

5 Praxisbeispiel: Die Serviceplan Gruppe

Die Serviceplan Gruppe ist die größte inhabergeführte Agenturgruppe Europas und gehört zu den führenden Agenturen für Werbung und innovative Kommunikation. Die Agentur wurde 1970 in München gegründet und hat heute mehrere deutsche und internationale Standorte mit über 3.400 Mitarbeitern.[226] Etwa 40 Spezialagenturen sind unter dem Dach der Serviceplan Gruppe gebündelt, die sich in fünf Agenturmarken unterteilen: Serviceplan (klassisch), Plan.Net (digital), Mediaplus (Mediaplanung und -einkauf), Facit (Marketing-Forschung) und Solutions (Lösungsanbieter für Adaptionen und Produktionen). Jede Einzelagentur wird von ein bis zwei Geschäftsführern geleitet. Die Fäden laufen in der übergeordneten Holding zusammen.[227]

5.1 Das flexible Arbeitsmodell bei der Serviceplan Gruppe

„Serviceplan wagt den Schritt in eine neues Zeitalter: die Ära der Flexibilität!"[228] – so beginnt der Artikel in der Fachzeitschrift „Horizont", in dem das neue flexible Arbeitsmodell der Serviceplan Gruppe öffentlich vorgestellt wurde. Das Modell wurde zum 01.07.2016 für die deutschen Standorte eingeführt und ist in dieser Form zunächst bis zum 30.06.2017 befristet. Dabei hat die Holding den einzelnen Agenturen eine Vorgabe gemacht, die aus drei Bausteinen besteht.

- Baustein 1: Die tägliche Arbeitszeit ist nicht länger auf den vertraglich fixierten Zeitraum festgelegt, sondern kann flexibel zwischen 7.00 Uhr und 20.00 Uhr erbracht werden.

- Baustein 2: Jeder Mitarbeiter hat die Möglichkeit sogenannte Mobile Office-Tage in Anspruch nehmen, an denen die Arbeit außerhalb des Büros geleistet wird. Mobile Office muss schriftlich (mittlerweile digital über das Intranet) beim Vorgesetzten angemeldet werden.

- Baustein 3: Die Möglichkeit in Teilzeit in Form einer 3-,4- oder 5-Tage-Woche zu arbeiten, wird angeboten.

---

[226] Am Hamburger Standort, an dem die Autorin tätig ist, sind etwa 300 Mitarbeiter beschäftigt.

[227] http://www.serviceplan.com/de/profil.html und
http://www.serviceplan.com/de/historie.html.

[228] Horizont, 09.06.2016: 7.

Die Geschäftsführer der einzelnen Agenturen konnten bzw. können selbst entscheiden, welche Bausteine und in welcher Form sie diese umsetzen möchten.

5.2 Befragung der Führungskräfte

Die theoretischen Erkenntnisse der umfangreichen Literaturrecherche sollen im Folgenden durch eine empirische Untersuchung ergänzt werden. Als empirische Sozialforschung werden Untersuchungen bezeichnet, in denen ein Ausschnitt aus der sozialen Welt beobachtet wird, damit durch diese Beobachtung zur Weiterentwicklung von Theorien beigetragen werden kann.[229] Um herauszufinden, welche Anforderungen an die Führung in einem flexiblen Arbeitsumfeld in der Praxis im Vergleich zu den theoretischen Annahmen gesehen werden und um daraus ggf. Handlungsempfehlungen zu entwickeln, wurden drei Geschäftsführer bzw. Geschäftsleiter des Hamburger Standortes befragt.[230] Die Interviewpartner sind zwischen 39 und 50 Jahre alt. Sie wurden aus verschiedenen Agentursparten ausgewählt (Serviceplan, Plan.Net, Mediaplus), um persönliche Perspektiven aus unterschiedlichen Bereichen zu erhalten. Die Interviewpartner gelten als Experten. „ ‚Experte' beschreibt die spezifische Rolle des Interviewpartners als Quelle von Spezialwissen über die zu erforschenden sozialen Sachverhalte. Experteninterviews sind eine Methode, dieses Wissen zu erschließen."[231]

5.2.1 Vorgehensweise und Auswertungsmethode

Die Experteninterviews wurden persönlich in einem Rahmen von ca. 30 bis 45 Minuten und mit offenen Fragen durchgeführt. Ein derartiges Interview ähnelt einem natürlichen Gespräch, wie es im Alltag vorkommt.[232] Es folgt dem Prinzip des theoriegeleiteten Vorgehens, indem das Informationsbedürfnis aus den theoretischen Vorüberlegungen in Fragen des Interviewleitfadens übersetzt

---

[229] Vgl. Gläser/ Laudel 2010: 24.

[230] Da die Autorin in der Personalabteilung am Standort Hamburg tätig ist und sich persönliche Interviews dadurch mit allen Interviewpartnern unkompliziert realisieren ließen ohne zusätzlich Kosten zu verursachen, wurden für diese Befragung nur Hamburger Führungskräfte ausgewählt. Aufgrund der gruppenweit gleichen Struktur sind diese mit den Führungskräften anderer nationaler Standorte vergleichbar.

[231] Gläser, Lauder, 2010, S. 12.

[232] Vgl. ebd.: 111.

werden.[233] Eine fundierte Vorbereitung des Leitfadens war daher wesentlich. Grundsätzlich dient ein Interviewleitfaden im Interview als schriftliche Unterstützung und stellt sicher, dass jeweils gleichartige und brauchbare Informationen erhoben werden.[234] Um sicherzustellen, dass die Fragen verständlich sind, werden Probeinterviews mit vergleichbaren Personen empfohlen.[235] Die in dieser Arbeit verwendeten Fragen wurden vorab an dem stellvertretenden Leiter der Personalentwicklung getestet, da er aufgrund seiner Führungsfunktion und Vertrautheit mit dem Modell als vergleichbare Person eingestuft wurde. Da sich die Fragen als gut verständlich erwiesen haben, konnte der Leitfaden entsprechend eingesetzt werden. Er findet sich im Anhang (Teil 1) dieser Arbeit.

Die persönlichen Interviews wurden einzeln und unter vier Augen geführt, unter Einwilligung der Interviewpartner mithilfe eines Smartphones digital aufgezeichnet und anschließend nach festgelegten Transkriptionsregeln vollständig transkribiert.[236] Durch eine Tonaufzeichnung können Informationsverluste und zusätzliche Interpretationsschritte vermieden werden, die bei der gleichzeitigen schriftlichen Protokollierung und einem Gedächtnisprotokoll leicht entstehen können.[237] Zur Anonymitätswahrung wurden den Experten die Buchstaben und Ziffern E1 bis E3 zugeordnet.

Anschließend erfolgte die Auswertung der Interviews. Die Transkripte wurden im Sinne einer qualitativen Inhaltsanalyse ausgewertet. Im Vergleich zu einer freien Interpretation, bei welcher der Forscher die Interviews frei interpretiert und die seiner Ansicht nach wichtigen Informationen zusammenfasst[238], ist die qualitative Inhaltsanalyse systematisch und nachvollziehbar und hat einen höheren wissenschaftlichen Wert. Bei der qualitativen Inhaltsanalyse werden Texte ausgewertet, indem über ein systematisches Verfahren Informationen entnommen werden.[239] Der Text wird mit einem Analyseraster auf relevante

---

[233] Vgl. ebd.: 115.

[234] Vgl. ebd.: 143.

[235] Vgl. ebd.: 150.

[236] Die Transkriptionsregeln finden sich im Anhang (Teil 2).

[237] Vgl. Gläser/ Laudel 2010: 157 f.

[238] Vgl. ebd.: 45.

[239] Vgl. ebd.: 46.

Informationen hin durchsucht und Kategorien zugeordnet.[240] Das Analyseraster ähnelt dem Aufbau des Interviewleitfadens, die tatsächlichen Kategorien ergeben sich aus den Antworten aus dem Interview.

Der Ablauf der Auswertung orientierte sich in diesem Fall an der qualitativen Inhaltsanalyse nach Gläser und Laudel (2010), die eine „Extraktion komplexer Informationen aus Texten ermöglicht und während des gesamten Analyseprozesses offen für unvorhergesehene Informationen ist"[241]. Ziel ist das Herausfiltern und Zusammenfassen bestimmter Themen, Inhalte und Aspekte aus dem Material. Man entnimmt den Texten relevante Daten und kann dann die extrahierten Rohdaten aufbereiten und auswerten.[242]

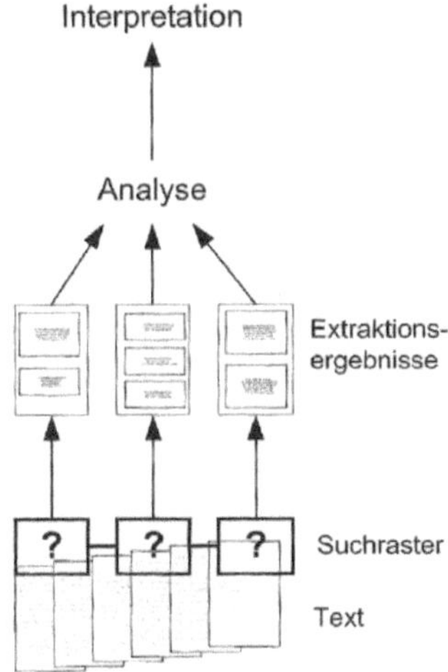

Abb. 8: Prinzip der qualitativen Inhaltsanalyse (Gläser/ Laudel 2010: 200)

Die wesentlichen Inhalte bleiben damit erhalten und überschaubar. Welche Inhalte aus den drei Interviews extrahiert wurden, bestimmte sich nach den theoriegeleitet entwickelten Kategorien. Alle relevanten Aussagen, die mit der Fragestellung zusammenhängen, wurden im Text gesucht. Thematisch zusammenpassende Aussagen wurden zu einer Kategorie zusammengefasst. Thematisch gleiche oder ähnliche Kategorien wurden wieder zu einer Art

---

[240] Vgl. ebd.: 46.

[241] ebd.: 199.

[242] Vgl. ebd.: 199.

Oberkategorie gebündelt, sodass mit jedem Schritt das Abstraktionsniveau stieg. Es erfolgte eine Auswertung über die einzelnen Interviews hinaus, um allgemeine Ergebnisse zu bekommen, wobei hier sowohl Gemeinsamkeiten, als auch Unterschiede herausgearbeitet wurden. Zur Vermeidung von Fehlinterpretationen wurden abschließend noch einmal die vollständigen Transkriptionen zur Kontrolle der Auswertung hinzugezogen.

5.2.2 Zusammenfassung und Interpretation der Ergebnisse

Alle Führungskräfte sehen durch ein flexibles Arbeitsmodell Vorteile für die Mitarbeiter und eine Steigerung der Lebensqualität, insbesondere in Bezug auf die bessere Vereinbarkeit von Beruf und Familie und die Möglichkeit, private Dinge besser koordinieren zu können (z. B. Arzttermine, Handwerker im Haus, Einkäufe erledigen). Zudem wird als Vorteil für die Mitarbeiter gesehen, dass im Mobile Office besser in Ruhe gearbeitet werden kann, da diese im Großraumbüro nicht immer gegeben ist. Als maßgeblichen Vorteil für den Arbeitgeber wird hingegen die Wettbewerbsfähigkeit gesehen. Zwei der Befragten sehen hierdurch eine eindeutige Steigerung der Arbeitgeberattraktivität (E2, E3). E2 sagt zudem, dass in Bewerbungsgesprächen häufig nach flexiblen Arbeitszeiten gefragt wird. E1 war diesbezüglich etwas zurückhaltender, da ein solches Modell heutzutage als selbstverständlich wahrgenommen werde und damit zwar die Wettbewerbsfähigkeit erhalten bliebe, dies aber nicht das ausschlaggebende Kriterium für eine Bewerbung sei. Als weitere Vorteile sieht E3 eine gehobene Stimmung und Motivation, die durch die Flexibilisierung entsteht. Die Option auch Mitarbeiter zu beschäftigen, die z. B. ihren Wohnsitz nicht vor Ort haben, wird nicht explizit als Vorteil für den Arbeitgeber genannt, jedoch gibt es in der Agentur A3 einen Mitarbeiter, der aufgrund eines Umzugs ausschließlich mobil arbeitet und diese Möglichkeit wird als sehr positiv wahrgenommen.

Neben den Vorteilen werden auch einige Nachteile, bzw. Aspekte gesehen, die zu bestimmten Herausforderungen führen. Um die Erfahrungen und wahrgenommenen Herausforderungen für die Führung besser einschätzen zu können, wurde in den Interviews abgefragt, in welchem Umfang das flexible Arbeitsmodell in den jeweiligen Agenturen angewandt wird. Es ist festzustellen, dass die drei Bausteine des flexiblen Arbeitsmodells bei Serviceplan in ihren Grundzügen bekannt sind und auch in den einzelnen Agenturen der Interviewpartner an die Mitarbeiter kommuniziert wurden. Es gibt allerdings Unterschiede bezüglich des Angebots und auch der Nutzung in den einzelnen

Agenturen. Die Möglichkeit der Teilzeitarbeit wird in jeder Agentur angeboten und genutzt. Dies war jedoch auch bereits vor Einführung des Modells üblich (insbesondere bei Mitarbeitern mit Kindern). Flexible Arbeitszeiten und Mobile Office werden hingegen nicht in allen Agenturen vollumfänglich entsprechend der Holding Richtlinien angeboten, bzw. genutzt. Das folgende Schaubild gibt einen Überblick über Angebot und Nutzung.

	Agentur A1 Interviewpartner E1		Agentur A2 Interviewpartner E2		Agentur A3 Interviewpartner E3	
Mitarbeiteranzahl	37		22		44	
	Angebot	**Nutzung**	**Angebot**	**Nutzung**	**Angebot**	**Nutzung**
Teilzeit	Ja, bereits vor dem 01.07.2016	Ja	Ja, bereits vor dem 01.07.2016	Ja	Ja, bereits vor dem 01.07.2016	Ja
Flexible Arbeits-zeiten	Nein	Nein	Ja	Ja, gering	Ja	Ja
Mobile Office	Ja	Ja, gering	Nur in Sonderfällen, keine vollen Tage, bereits vor dem 01.07.2016	Nur in Sonderfällen, keine vollen Tage	Ja, in Sonderfällen bereits vor dem 01.07.2016	Ja

Tabelle 1: Angebot und Nutzung des flexiblen Arbeitsmodells bei Serviceplan, Stand: 01/2017 (eigene Darstellung)

In Agentur A1 werden flexible Arbeitszeiten aufgrund der Strukturen und Abhängigkeiten vom Kunden als nicht praktikabel angesehen, wobei E1 betont, dass dies seiner Ansicht nach auch von den Mitarbeitern so gesehen werde. Mobile Office wird hier wenig genutzt, worüber E1 glücklich ist. Das liegt zum einen an seinem Gefühl, dass bei Nutzung des Mobile Office „nicht die ganze Zeit gearbeitet wurde, wie gearbeitet werden soll" (E1: 94, Zeile 25). Zum anderen wurde im Laufe des Gesprächs deutlich, dass die Anwesenheit bei Abstimmungen als sehr wichtig eingeschätzt wird. Persönliche Abstimmungen finden oft morgens und am späten Nachmittag statt, weshalb flexible Arbeitszeiten nicht möglich seien. In Agentur A2 werden flexible Arbeitszeiten hingegen, wenn auch in einem geringen Umfang, praktiziert. Mobile Office als ein ganzer Mobiltag wird hier jedoch nicht aktiv angeboten und genutzt. Auch hier wurde deutlich, dass aufgrund von Abstimmungen Präsenz erwünscht ist. Im Gegensatz zu diesen beiden Agenturen wird in Agentur A3 alles angeboten und auch genutzt. Hier wird sich von Seiten der Geschäftsführung sogar aktiv um Umsetzungsmöglichkeiten bemüht, z. B. indem den Mitarbeitern aktiv (ohne dass die Mitarbeiter dies selbst gefordert haben) die nötigen technischen Mittel (z. B. Laptops) zur Verfügung gestellt werden. Jedoch wird auch in dieser Agentur, in der die Flexibilität am meisten ausgeprägt ist, viel Wert auf Präsenz der Mitarbeiter gelegt. Diese kann aus Sicht von E3 zwar auch teilweise virtuell erfolgen, aber die persönliche Präsenz kann damit nicht ersetzt werden und sollte zumindest bei bestimmten Themen gegeben sein. Hier wird zudem hervorgehoben, dass zwischen virtueller und persönlicher Präsenz eine Balance gefunden werden muss. Des Weiteren sehen E2 und E3 nicht nur aus Sicht der Führungskräfte eine Herausforderung bei unterschiedlichen Präsenzzeiten, sondern auch aus Sicht der Mitarbeiter, die dadurch den Anschluss an die Gruppe verlieren können oder nicht mehr alles mitbekommen. Neben der Präsenz wurden in den Interviews weitere Punkte genannt, die als Herausforderungen in einem flexiblen Arbeitsumfeld zu verstehen sind. Als eine wichtige Führungsaufgabe wird von allen Befragten die Kommunikation gesehen. Transparenz sei sehr wichtig und auch der Kommunikationsfluss (wer kommuniziert was und wann an wen) wurde thematisiert und als essentiell betrachtet.

Als Grundvoraussetzung für die Führung im flexiblen Arbeitsumfeld wird von allen Führungskräften Vertrauen gesehen (E1: 98, Zeile 1: „ein Must"). Dieses ist, auch aufgrund unterschiedlicher Erfahrungen mit der Nutzung von Mobile Office und flexiblen Arbeitszeiten, unterschiedlich ausgeprägt. Die Aussagen reichen von allgemein großem Vertrauen (E3: 104, Zeile 28: „Wir haben da natürlich großes Vertrauen in die Mitarbeiter") über mitarbeiterabhängiges Vertrauen (E2: 101, Zeile 1: „Aber es gibt Unterschiede, was das Vertrauen in die Mitarbeiter angeht") bis hin zu wenig Vertrauen bzw. einer eher skeptischen Haltung (E1: 94, Zeile 22: „Ich habe aber bei allen fünf, ohne es genau überprüft zu haben, das Gefühl, dass es [= das Mobile Office] anders genutzt wurde"). Vertrauen wird also grundsätzlich als Voraussetzung gesehen, ist aber für die Führungskräfte nicht immer leicht umzusetzen, was auch die Aussage von E3 bestätigt: „Das ist nicht immer einfach. Das muss man lernen." (E3: 106, Zeile 22) Im Zusammenhang damit spielt Kontrolle eine große Rolle. Durch die Flexibilisierung wird ein Kontrollverlust wahrgenommen. Wie genau eine anders gestaltete Form von Überprüfung aussehen könnte, bleibt offen. Kontrolle wird aber grundsätzlich als wichtig eingeschätzt. Interessant ist die Aussage von E3: „Ich muss ja auch die Leistung eines Mitarbeiters beurteilen können und das kann ich nicht, wenn er ständig nicht da ist." (E3: 105, Zeile 51). Dies deutet darauf hin, dass Präsenz als Voraussetzung für eine adäquate Leistungsbeurteilung gesehen wird.

Ein weiterer Aspekt ist der erhöhte Organisationsaufwand. Dadurch, dass eine Werbeagentur Dienstleister ist und die Kunden Erreichbarkeit erwarten, muss sehr genau geplant werden, wenn Flexibilität für die Mitarbeiter ermöglicht werden soll. Schwerer umsetzbar ist ein flexibles Modell demnach für Mitarbeiter mit Kundenkontakt. Solange die Flexibilisierungsforderungen der Mitarbeiter gemäßigt sind, wird der Aufwand als überschaubar angesehen. In einigen Teams kann die Erreichbarkeit gewährleistet werden, indem die Mitarbeiter sich absprechen und ein rollierendes Personalsystem zur Anwendung kommt, damit der Kunde von 9.00 Uhr bis 18.00 Uhr bedient werden kann. Die Voraussetzung ist, dass verschiedene Mitarbeiter gleiche Aufgaben haben, bzw. Kunden betreuen und dies ist nicht in jeder Agentur, bzw. in jedem Team gegeben. Eine diesbezügliche Umstrukturierung wird von E1 als ein zu hoher Aufwand eingeschätzt. E2 betont hingegen, dass er einen erhöhten Aufwand in Kauf nehmen würde, wenn die Alternative wäre, den Mitarbeiter zu verlieren.

In jedem der Interviews wurde im Verlauf deutlich, dass junge Leute, teilweise als Generation Y betitelt, eine große Herausforderung für die Führung sind, weil sie aus Sicht der Befragten einen großen Wert auf die Work-Life-Balance lege und Flexibilität bei der Arbeit aus Mitarbeitersicht daher als wichtig angesehen werde. Diese Generation wird so eingeschätzt, dass das Privatleben oftmals als wichtiger eingestuft wird. Zwei Aussagen machen dies besonders deutlich: „Das soll Geld bringen, aber meine persönlichen, privaten Interessen stehen im Vordergrund" (E3: 108, Zeile 29) und „Im Endeffekt stellt die Generation Y die privaten Interessen den beruflichen Interessen oben drüber" (E1: 96, Zeile 32). Alle Experten sagen grundsätzlich, dass sie eine Work-Life-Balance für wichtig halten. Es wird aber deutlich, dass sie sich auch besonders bei den jüngeren Leuten manchmal mehr Engagement für den Job wünschen. Unterstrichen wird dieser Wunsch mit der Antwort auf die Frage nach Unterstützungsmöglichkeiten: Hier wurden mehrfach Schulungen genannt, die sich auf Eigenverantwortung, bzw. Selbstmanagement beziehen. Da diese Fähigkeiten teilweise nicht gut ausgeprägt sind, hält E2 Regeln und Strukturen für eine Voraussetzung, dass die Arbeit gut erledigt wird. E3 bestätigt dies mit der Aussage, dass es Mitarbeiter gibt, die mehr Orientierung brauchen, weil sie sich nicht gut selbstorganisieren können. Die individuellen Fähigkeiten der Mitarbeiter spielen also eine Rolle, wenn es um erfolgreiches flexibles Arbeiten geht.

In diesem Zusammenhang wünschen sich alle Befragten ein gewisses Maß an Partizipationsinteresse von Seiten der Mitarbeiter, welches bei einigen

Mitarbeitern nicht sichtbar sei. Bei anderen Mitarbeitern scheint der Wunsch nach Partizipation hingegen sehr ausgeprägt zu sein, was in einem zu starken Ausmaß wiederum auch nicht gewünscht ist (E2: 107, Zeile 39: „Dann muss das auch mal akzeptiert werden, dass Dinge entschieden werden, ohne dass sie vorher demokratisch besprochen werden.") Dies deutet darauf hin, dass vollständig eigenverantwortliches Arbeiten nicht in allen Fällen erwünscht ist. Was das Thema Überstunden im Zusammenhang mit Engagement angeht, gibt es von zwei Experten keine Aussage dazu, aber E2 betont, dass er Überstunden nicht automatisch mit Engagement gleichsetzt. Folgende Aussage verdeutlicht dies:

> „...aus Führungssicht denke ich manchmal, dass es manchmal vielleicht besser wäre, wenn die Führungskraft etwas anderes vorleben würde, als das, was bei uns aktuell manchmal passiert. Wir haben Führungskräfte, die regelmäßig zehn Stunden am Tag arbeiten und dadurch im Team natürlich das Gefühl entsteht ‚Ich kann jetzt nicht gehen, ich muss jetzt auch hier bleiben'. Das hat bei uns auch teilweise zu extremen Auswirkungen geführt. Es gibt sicherlich Kollegen, die denken ‚Je länger ich bleibe, desto höher wird mir das angerechnet'. Sehe ich gar nicht so. Im Gegenteil. Ich finde, dass eine hohe Präsenz, die weit darüber hinaus geht, was normal ist, etwas mit Missorganisation zu tun hat und das ist überhaupt nicht wünschenswert." (E2: 103, Zeile 17)

Hier wird außerdem deutlich, dass Führungskräfte eine Vorbildfunktion haben, die sie bedacht wahrnehmen sollten – insbesondere, wenn es um das Arbeiten in einem flexiblen Arbeitsumfeld geht.

Schlussendlich kann zusammengefasst werden, dass eine ganze Reihe an Herausforderungen wahrgenommen wird. Solange die Flexibilisierungswünsche der Mitarbeiter jedoch gemäßigt sind, werden diese als gut managebar eingestuft. Es besteht eine gewisse Unsicherheit dahingehend, was es bedeuten würde, wenn die Mitarbeiter noch mehr Flexibilisierung einfordern würden. Wenn es zu einer extremen Ausweitung der Flexibilisierungswünsche kommen würde, äußerten zwei Experten (E2 und E3), dass sie ggf. Grenzen ziehen und sich dabei Unterstützung wünschen würden.

In Tabelle 2 sind die wesentlichen Erkenntnisse aus den Experteninterviews, die sich auf die Herausforderungen an die Führung beziehen, zusammengefasst dargestellt.

Vertrauen	Vertrauen wird als Voraussetzung gesehen, muss aber gelernt werden und ist unterschiedlich ausgeprägt.
Kontrolle	Es wird ein Kontrollverlust wahrgenommen. Je schwächer die Präsenz, desto stärker der wahrgenommene Kontrollverlust.
Präsenz	Balance zwischen Präsenz und Virtualität: Mitarbeiter dürfen nicht den Anschluss zu den Kollegen verlieren.
Organisationsaufwand	Der Aufwand für Koordination und Planung steigt. Kundenerreichbarkeit muss gewährleistet sein, persönliche Abstimmungen sind wichtig.
Kommunikation	Transparente Kommunikation ist sehr wichtig.
Individualität	Das Eigenverantwortungsgefühl und die Fähigkeit zur Selbstorganisation sind bei Mitarbeitern unterschiedlich ausgeprägt.
Work-Life-Balance	Einerseits sollen die privaten Wünsche nicht Überhand nehmen, andererseits sollen Mitarbeiter nicht zu viel arbeiten (Gesundheitsaspekt).
Partizipation	Das richtige Maß an Partizipation: Mitarbeiter ermuntern mitzuentscheiden, aber auch Grenzen setzen.

Tabelle 2: Wahrgenommene Herausforderungen der Führungskräfte bei Serviceplan (eigene Darstellung)

6 Handlungsempfehlungen für die Führung der Zukunft

Durch die fortschreitende Flexibilisierung, die durch die technischen Entwicklungen der letzten Jahre verstärkt wurde, verändert sich die Arbeitswelt in zunehmendem Maße. Die Leistungserbringung erfolgt, insbesondere bei Wissensarbeit, nicht mehr „nine-to-five" im Büro, sondern kann sowohl zeitlich, als auch örtlich flexibel erbracht werden. Zunächst einmal ist festzustellen, dass die Flexibilisierung viele Vorteile bietet – sowohl für den Mitarbeiter, als auch für das Unternehmen. Für den Mitarbeiter wird die Vereinbarung von Berufs- und Privatleben vereinfacht, was zu einer gestiegenen Lebensqualität führen kann. Betrachtet man konkret die Vorteile des Mobile Office, so ergibt sich hieraus, dass z. B. zu Hause in Ruhe und ohne Ablenkung gearbeitet werden kann und der Wegfall von Arbeitswegen eine Zeit- und Kostenersparnis mit sich bringt. Das Unternehmen hingegen profitiert insbesondere von einer gesteigerten Wettbewerbsfähigkeit und Arbeitgeberattraktivität, die einerseits Bewerber locken kann und durch die bestehende Mitarbeiter an das Unternehmen gebunden werden können. Als Vorteil wird die hohe Motivation der Mitarbeiter gesehen, die wiederum zu einer höheren Produktivität und Arbeitsqualität führen kann. Weiterhin ermöglicht die Flexibilisierung, insbesondere das Angebot mobil zu arbeiten, Mitarbeiter zu finden oder zu halten, die ihren Wohnsitz nicht in unmittelbarer Nähe des Betriebes haben. Aufgrund dieser Vorteile sollte an der Flexibilität festgehalten werden.

Eine moderne Führungskultur ist nötig, um die besten Mitarbeiter zu gewinnen und langfristig an das Unternehmen zu binden und somit im Markt zu bestehen. Wesentlich ist, dass den Führungskräften die durch Flexibilität entstehenden Anforderungen bewusst sind und dass sie die entsprechenden Kompetenzen mitbringen, bzw. entwickeln, um damit umzugehen. Viele Aspekte, die auf Grundlage der Literaturrecherche aufgezeigt wurden, haben die befragten Führungskräfte in den Experteninterviews bestätigt. Die Herausforderungen sind vielfältig und Führungskräfte sollten im Umgang damit unterstützt werden.

In diesem Kapitel wird nun der Versuch angestellt, aus sämtlichen Ergebnissen Handlungsempfehlungen für die Praxis abzuleiten. Das Ziel ist das Aufzeigen von Führungskompetenzen der Zukunft. In diesem Zusammenhang soll dargestellt werden, wie die Führungskräfteentwicklung in Unternehmen optimiert werden und wie die Personalentwicklung an dieser Stelle ihren Beitrag leisten kann, damit Führung besser gelingt.

6.1 Führungskompetenzen der Zukunft

Bei Führungskräften der Zukunft rücken Fachkompetenzen in den Hintergrund. Während sie im fordistischen System von hoher Bedeutung waren, stehen mittlerweile Sozialkompetenzen an erster Stelle. Der Fachmann für alle Fragen wandelt sich zum Koordinator für die Zusammenarbeit seiner spezialisierten Mitarbeiter.[243] Die Führungskompetenz, als Querschnittskompetenz vieler verschiedener Kompetenzen, muss dahingehend entwickelt werden, dass Führungskräfte die aktuellen Anforderungen bewältigen können und mit Begeisterung führen.

Eine wichtige Grundlage für den erfolgreichen Umgang mit flexiblen Arbeitsmodellen ist das Vertrauen der Führungskraft in ihre Mitarbeiter und bestenfalls auch umgekehrt. Sowohl in der Literaturrecherche und bei aktuellen Führungsmodellen, als auch bei der Führungskräftebefragung wurde die Wichtigkeit von Vertrauen untermauert. Der Aufbau von Vertrauen ist wesentlich und lohnt sich, da bei einem hohen Maß an Vertrauen gegenüber dem Mitarbeiter die Einflussfähigkeit gestärkt wird und ein gesteigertes Engagement zu erwarten ist. Dazu gehört das Zulassen von Fehlern – mit einer offenen Fehlerkultur können nicht nur Innovationen gefördert, sondern auch das Vertrauen ausgebaut werden. Vertrauen hängt eng mit dem Aufbau emotionaler Bindungen zusammen und ermöglicht der Führungskraft gemäß des Konzepts der transformationalen Führung die Einstellungen und Werte der Mitarbeiter dahingehend zu beeinflussen, dass sie ihre Leistungen steigern. Eine Basis für Vertrauen ist wiederum, dass für flexible Arbeitsmodelle klare Regeln vereinbart werden, damit Vertrauen entstehen kann. So sollte klar kommuniziert werden, welche Möglichkeiten der flexiblen Arbeitsgestaltung die Mitarbeiter haben und was die Erwartungen, z. B. in Hinblick auf Erreichbarkeit und Präsenzen sind.

Durch flexibilisierte Arbeitszeiten und -formen wird die Führungsaufgabe immer komplexer und der Koordinations- und Abstimmungsaufwand erhöht sich. Zunächst muss die Führungskraft im Blick haben, welche Aufgaben sich z. B. für das Mobile Office eignen und für welche Aufgaben die Anwesenheit im Büro zu bevorzugen ist. Darüber hinaus muss sie die Koordination der Mitarbeiter beherrschen, wenn nicht alle gleichzeitig im Büro anwesend sind. Damit das

---

[243] Vgl. Franken 2016: 247.

flexible Arbeiten überhaupt funktionieren kann, sollte die Führungskraft den erhöhten Aufwand auf sich nehmen und prüfen, wann persönliche Präsenzen von Nöten sind. Ggf. können Abstimmungen virtuell stattfinden oder es könnte eine Regelung eingeführt werden, dass Meetings in der Regel nur bis 17.00 Uhr gestattet werden, so dass somit mehr Flexibilität ermöglicht wird. Eine Kompetenzanforderung, die damit einhergeht, ist die Digital- und Medienkompetenz. Der Umgang mit den modernen Kommunikationsmitteln ist unerlässlich, um z. B. Online-Konferenzen durchführen zu können. Generell muss darauf geachtet werden, dass Meetings – sowohl persönliche, als auch virtuelle – gut vor- und nachbereitet werden und die Besprechungen zielgerichtet strukturiert werden.

Daraus und durch die fortgeschrittene Digitalisierung ergibt sich, dass Führungskräfte der Zukunft vor allem Kommunikationsexperten sein müssen. Durch die Quantität und Qualität der Kommunikation wird die Beziehungsqualität zwischen Führungskraft und Mitarbeiter maßgeblich geprägt.[244] Zunächst muss die Führungskraft erkennen können, welches Kommunikationsmittel für welchen Anlass zu bevorzugen ist. Findet die Kommunikation über komplexe Probleme oder kritische Äußerungen der Führungskraft schriftlich statt, können leichter Missverständnisse entstehen. Die Führungskraft sollte daher genau überlegen, wann sie mündliche und schriftliche Kommunikation zum Einsatz bringt. Außerdem ist ein Bewusstsein dafür erforderlich, dass aufgrund unterschiedlicher Erfahrungen und Werte nicht mit jedem Mitarbeiter gleich kommuniziert werden sollte. Grundsätzlich ist es ratsam, Formulierungen stets mit Bedacht zu wählen und die Wirkung der eigenen Kommunikation regelmäßig zu reflektieren.[245] Entscheidet sie sich für die schriftliche Kommunikation, z. B. per Email, so sollte der Text vor dem Versenden kritisch auf zweideutige Formulierungen oder Reizwörter überprüft werden.[246] Darüber hinaus sollten klare Regelungen für das gesamte Team aufgestellt werden, z. B., dass innerhalb einer bestimmten Zeit (und nicht sofort) auf Emails geantwortet werden kann oder dass bei dringenden Anliegen telefonisch oder persönlich kommuniziert werden sollte.[247] Besonders bei der

---

[244] Vgl. ebd.: 222.
[245] Vgl. ebd.: 76.
[246] Vgl. ebd.: 76.
[247] Vgl. Schwarzmüller/ Brosi/ Welpe 2015: 158.

Nutzung von Mobile Office begünstigt eine derartige Regelung, dass sich der Mitarbeiter nicht „auf Abruf" fühlen muss und sich damit häufige Unterbrechungen in seinem Arbeitsfluss vermeiden lassen.

Neben der Herausforderung, *wie* etwas kommuniziert werden sollte, stellt sich die Frage danach *was* und *wann* etwas kommuniziert werden sollte. Die Aussage aus einem Experteninterview verdeutlicht die Herausforderung:

> „Es [ist] schlau, dass (...) man genau bespricht, wer das wann an wen weiterkommuniziert. Obwohl wir nicht viele sind, ist es nicht so, dass sich alles von selbst verbreitet. Und auch im Gegenteil bekommen Dinge, die nicht erzählt werden, manchmal eine Eigendynamik." (E2: 103, Zeile 6)

Die Kompetenz der Führungskraft liegt darin, zu filtern, welche Informationen für wen relevant sind, damit die Mitarbeiter alle Voraussetzungen vorliegen haben, um ihre Arbeit gut zu erledigen. Darüber hinaus muss sie einschätzen können, welche Informationen schriftlich oder mündlich weitergegeben werden müssen. Bei einigen Themen eignen sich Teambesprechungen besser als z. B. eine Rundmail. Geht es hingegen um wichtige Ergebnisse oder vereinbarte Aufgaben und Ziele, sollten diese ausformuliert und an das Team versendet werden.[248] Informationsweitergabe und Transparenz sollte die Führungskraft fortlaufend gewährleisten können. Andererseits muss sie jedoch auch darauf achten, dass ein Informationsüberfluss vermieden wird. Die Fülle an Informationen kann eine Überforderung auslösen und dazu führen, dass innovative Ideen verloren gehen.[249]

Denn Innovative Ideen – darum geht es, um in der schnelllebigen, digitalen Welt mithalten zu können. Die Schlüsselkompetenzen in diesem Zusammenhang sind Inspirations- und Motivationsfähigkeit. Nicht durch Anordnungen von oben werden Mitarbeiter zu Kreativität angeregt, sondern indem man ihnen Freiheiten gibt und gleichzeitig Verantwortung überträgt. Das Delegieren von Aufgaben und die Partizipation der Mitarbeiter an Entscheidungen werden immer wichtiger. Führungskräfte müssen daher die Fähigkeit besitzen zu wissen, wie und welche Aufgaben man delegiert und wie die Erledigung der Aufgaben und langfristigen Ziele nachgehalten werden kann. Die Arbeitsqualität muss neu definiert werden:

---

[248] Vgl. Franken 2016: 76.
[249] Vgl. Schwarzmüller/ Brosi/ Welpe 2015: 159.

Es sollte klargestellt werden, dass es nicht auf die Verfügbarkeit der Mitarbeiter, sondern auf die Arbeitsergebnisse ankommt. Die Präsenzkultur sollte der Ergebniskultur weichen und dabei ist die Herausforderung die Leistungsbeurteilung zu optimieren. Indem Leistungsziele und Prioritäten festgelegt werden und regelmäßig beidseitig Feedbacks erfolgen, kann die Autonomie und Entscheidungsfähigkeit der Mitarbeiter in der täglichen Arbeit gestärkt werden. Dabei müssen Führungskräfte lernen mit dem Kontrollverlust umzugehen, der sich durch die Abgabe von Macht ergibt, indem sie ihren Mitarbeitern Vertrauen entgegenbringen. Andererseits sollten sie jedoch auch stets kritisch hinterfragen, ob die Entscheidungsprozesse optimal sind und prüfen, wer wann an welcher Stelle entscheiden kann und soll. Hier sind analytische Fähigkeiten gefragt, die derzeitige und die geplante Situation des Unternehmens als Ganzes zu erfassen und strategisch zu denken.[250] Die Aufgabe der Führungskraft besteht darin, die Prozesse fortlaufend zu optimieren und ggf. effizientere Arbeitsschritte (ggf. in Abstimmung mit den Mitarbeitern) zu gestalten sowie die Mitarbeiter zu unterstützen.

Bezüglich der Unterstützung der Mitarbeiter ergibt sich eine sehr wesentliche Führungsaufgabe: Die Förderung und Weiterentwicklung der Mitarbeiter. Die intensive Begleitung der persönlichen und beruflichen Weiterentwicklung trägt zur Reflektion von Arbeitsergebnissen und Kompetenzen bei.[251] Die Führungskraft sollte sämtliche Potenziale erkennen, fördern und entsprechend einzusetzen wissen. Besonders zu beachten sind die unterschiedlichen Auffassungen von Arbeit und Arbeitsorganisation in Hinblick auf die verschiedenen Generationen.[252] Besonders die vieldiskutierte Generation Y hat durch ein ausgeprägtes Selbstbewusstsein die Erwartung einer individuellen Betreuung und Behandlung an ihren Arbeitgeber.[253] Aus Sicht der Autorin liegt eine besondere Führungsleistung darin, Mitarbeiter zu identifizieren, die insbesondere bei der Selbstorganisation Unterstützung brauchen. Dies ist vor allem in Anbetracht der Flexibilisierung der Arbeitswelt von Belang. Selbstorganisationsfähigkeit und die damit zusammenhängende Eigenverantwortung ist für effizientes Arbeiten im flexiblen Umfeld grundlegend.

---

[250] Vgl. Franken 2016: 247.
[251] Vgl. Grabmeier 2015: 7.
[252] Vgl. ebd.: 5.
[253] Vgl. Schulenburg 2016: 16.

Persönliche Gespräche helfen, um Stärken und Schwächen zu erkennen, um entsprechende Handlungsfreiräume individuell zu gewähren[254] und um Maßnahmen abzuleiten, damit diese nach und nach erweitert werden können. Grundsätzlich sollte die Führungskraft die Rolle eines Coachs übernehmen und zusammen mit dem Mitarbeiter optimale Bedingungen für Lernprozesse schaffen.[255]

Die Förderung der Eigenverantwortung ist erstrebenswert, jedoch ergibt sich aus einer stark ausgeprägten Eigenverantwortung eine weitere Herausforderung für die Führungskraft. Eine permanente Erreichbarkeit und ein hoher Leistungsdruck können zu Überforderung führen, wenn es dem Mitarbeiter nicht selbst gelingt, sich seine Erholungspausen einzurichten. Gerade wenn flexibel und ortsunabhängig gearbeitet wird, verschwimmen die Grenzen zwischen Arbeits- und Privatleben. Dass die Arbeit ins Private übergeht, muss nicht unbedingt negativ sein, jedoch sollte eine Balance vorhanden sein, damit es nicht zu psychischen Überlastungen kommt. So ist es Aufgabe der Führungskraft sicherzustellen, dass der Mitarbeiter sich erholen kann und Überforderungen vermieden werden – insbesondere bei jüngeren Mitarbeitern, die damit noch nicht so gut umgehen können. Sie muss die Kompetenz für gesundes Führen besitzen und das gelingt am besten, indem sie als Vorbild in verantwortungsvollem Umgang mit ihrer eigenen Zeit agiert und feinfühlig mit jedem einzelnen Mitarbeiter umgeht. Besonders wenn Verhaltensänderungen festgestellt werden (z. B. das Nachlassen der Kommunikationsintensität), sollte die Führungskraft den Mitarbeiter regelmäßig nach seinem Befinden fragen.[256]

Zusammenfassend lässt sich feststellen, dass die Herausforderungen, die sich durch die Flexibilisierung der Arbeit ergeben, eine ganze Reihe an Kompetenzanforderungen an die Führungskräfte stellen. Diese Kompetenzen stehen in engem Zusammenhang mit den vier Grundpfeilern des InLeaVe® New Leadership Modells (vgl. Kapitel 4.2). Abbildung 9 zeigt einen Versuch, wie die wesentlichen Kompetenzanforderungen den einzelnen Grundpfeilern zugeordnet werden können.

---

[254] Vgl. Franken 2016: 76.
[255] Vgl. ebd.: 82.
[256] Vgl. ebd.: 76.

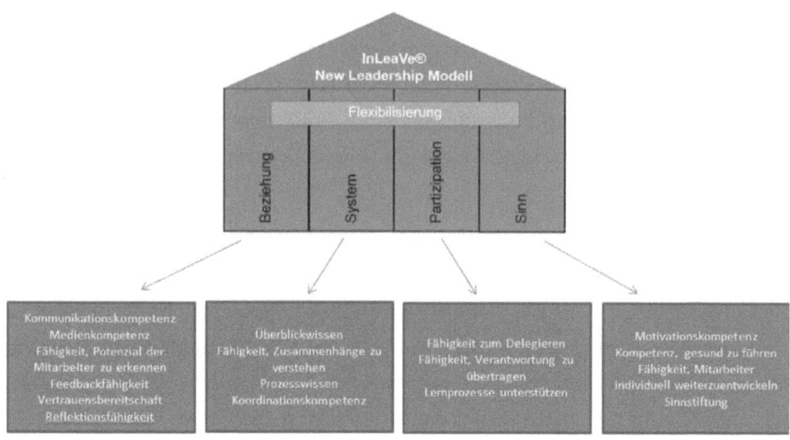

Abb. 9: Mit Kompetenzanforderungen erweitertes InLeaVe® New Leadership Modell (eigene Darstellung in Anlehnung an Au 2016: 20)

Die Flexibilisierung eröffnet viele Chancen für die Unternehmen. Damit diese erfolgreich genutzt werden können, ist eine Anpassung von Führungskompetenzen notwendig. Den Unternehmen ist geraten aktiv zu werden und in die Entwicklung ihrer Führungskräfte zu investieren, damit sie die Kompetenzen erlangen, die für das erfolgreiche Arbeiten im flexiblen, dynamischen und komplexen Umfeld erforderlich sind.

6.2 Empfehlungen für die Führungskräfteentwicklung

Aufgrund der Flexibilisierung und der damit in Verbindung stehenden Verschiebung von Verantwortlichkeiten und Entscheidungen, die unabhängig von der Hierarchieebene stattfinden (müssen), werden Führungskräfte nicht etwa überflüssig, sondern nehmen eine sehr wichtige Rolle ein. Führung ist komplexer geworden. Führungskräfte sind nicht für das Ausführen, sondern für die Koordination zuständig und müssen als Beziehungsmanager agieren, die ihre Mitarbeiter täglich zu guten Leistungen motivieren müssen. Sie sind Vorbilder und Gestalter der Unternehmenskultur und müssen Werte und Verhaltensweisen vorleben.[257] Sowohl der Koordinations-, als auch der Kommunikationsaufwand sind durch flexible Arbeitsformen deutlich erhöht. Beim Umgang mit

---

[257] Vgl. Franken 2016: 84.

Mitarbeitern, bei denen die Selbstorganisationsfähigkeiten nicht sehr ausgeprägt sind, ist die Betreuungsintensität noch höher. Eine wichtige Voraussetzung, damit Führungskräfte ihre Aufgaben bewältigen können, ist daher eine adäquate Führungsspanne. Ist eine Führungskraft für zu viele Mitarbeiter zuständig, so läuft man Gefahr, dass die geforderte Betreuungsintensität nicht stattfinden kann und selbst eine gut durchdachte Führungskräfteentwicklung nicht fruchten kann.

Viele Unternehmen, so auch die Serviceplan Gruppe, nutzen ein Flexibilisierungsmodell, um ihre Arbeitgeberattraktivität zu steigern. Während es bspw. Betriebsvereinbarungen (bzw. bei Serviceplan eine Richtlinie) gibt, welche die Rahmenbedingungen zu den Gestaltungsmöglichkeiten definieren, fehlt es jedoch häufig an einer gesteuerten Qualifizierung zum Umgang mit der Flexibilisierung und an einem entsprechenden Anreizsystem für Führungskräfte, damit die Flexibilisierungskonzepte erfolgreich umgesetzt werden können. Empfehlenswert ist zum einen die Vorbereitung der Führungskräfte auf die neuen Herausforderungen, z. B. durch einen Workshop mit einer Vorstellung des Arbeitsmodells mit Diskussionsmöglichkeiten oder auch durch Schulungen, z. B. zur digitalen Kommunikationskompetenz oder zum Führen auf Distanz. Zum anderen empfiehlt sich die die Einführung eines Incentive-Systems, das Führungskräfte für den Mehraufwand und die Führungsqualität im flexiblen Umfeld belohnt. Die entstehenden zusätzlichen Aufgaben sollten in einem Bonussystem berücksichtigt werden. Um nachhaltig Verhaltensänderungen bei Führungskräften zu bewirken, ist eine Formulierung klarer Verhaltenserwartungen mit anschließender Umsetzungskontrolle notwendig.[258] Pelz (2016), der ein Verfechter des transformationalen Führungsstils ist, rät dazu, mit offenem Feedback zum derzeitigen Führungsverhalten (z. B. mit einem 360-Grad-Feedback) einen Soll-Ist-Vergleich durchzuführen und daraus Verbesserungsmöglichkeiten abzuleiten.[259] Nach einer Besprechung der Ergebnisse des Feedbacks in einem persönlichen Coaching-Gespräch, sollte die Führungskraft (der Feedbacknehmer) daraus einen persönlichen Entwicklungsplan erarbeiten und diesen anschließend mit ihrem Vorgesetzten besprechen.[260] In Teil eins des Plans werden Verhaltensveränderungen erarbeitet,

---

[258] Vgl. Pelz, 2016: 108.

[259] Vgl. ebd: 109.

[260] Vgl. ebd.: 109.

die einfach umgesetzt werden können und in Teil zwei wird festgelegt, welche Kompetenzen langfristig entwickelt werden sollen, damit persönliche, berufliche und geschäftliche Ziele erreicht werden können.[261] Führungskräfte werden durch eine derartige Analyse in ihrer Reflexionsfähigkeit unterstützt, die grundlegend für die Veränderungsbereitschaft im Rahmen ihres Führungsverhaltens ist.[262]

Die in Kapitel 6.1 aufgezeigten Kompetenzen können als Grundlage sowohl für die Auswahl und Bewertung von Führungskräften, als auch für ihre Förderung und Entwicklung genutzt werden. Die Führungskräfteentwicklung ist für den Unternehmenserfolg von besonderer Bedeutung, da Führungskräfte einen starken Einfluss auf die Mitarbeiter und auf die Unternehmensentwicklung nehmen können.[263] Um die aufgezeigten Kompetenzen zu vermitteln, gilt es, die Führungskräfteentwicklung zu modernisieren. Klassische Seminare sind nicht mehr ausreichend, vielmehr braucht es innovative Instrumente, damit Weiterbildung kontinuierlich stattfinden kann. Ein bis zwei Tage in einem klassischen Seminar reichen schon deshalb nicht, da einem vertieften Lernen (neuro-)biochemische Prozesse zugrunde liegen, die Zeit benötigen, um Strukturen aufzubauen oder zu verändern.[264] Darüber hinaus sollte Bewusstsein darüber herrschen, dass die alleinige Vermittlung von theoretischem Wissen nicht ausreicht, um Kompetenzen zu entwickeln. Vielmehr müssen Normen und Werte, als auch Einstellungen und Regeln verinnerlicht und interiorisiert werden, damit sie sich zu eigen gemacht werden können.[265] Weiterbildungsmaßnahmen, die nach traditionellen Lehr-Lernauffassungen gestaltet sind, können kontinuierliches und selbstorganisiertes Lernen nicht fördern.[266] Es müssen Lernumgebungen geschaffen werden, die auf problemorientiertes Lernen ausgerichtet sind, damit motiviertes, anwendungsnahes Lernen unterstützt werden kann.[267] Jede Coaching-, Trainings- und Entwicklungsmaßnahme sollte individuell und nicht nach dem Gießkannen-Prinzip stattfinden.[268] Ein wichtiger

---

[261] Vgl. ebd.: 109.

[262] Vgl. Franken 2016: 255 f.

[263] Vgl. ebd.: 251.

[264] Vgl. Ciesielski/ Schutz 2016: 116.

[265] Vgl. ebd.: 117.

[266] Vgl. Erpenbeck/ Sauter 2010: 156.

[267] Vgl. ebd.: 156.

[268] Vgl. Pelz 2016: 110.

Aspekt hierbei ist die Planung der Erfolgskontrolle, z. B. durch ein erneutes 360-Grad-Feedback nach ein bis zwei Jahren.[269]

Damit die Kompetenzentwicklung gelingt, muss die Weiterbildung der Führungskräfte systematisch gestaltet werden. Erpenbeck und Sauter (2013) empfehlen die Gestaltung nach folgenden Grundsätzen[270]:

- Selbstgesteuert: Die Verantwortung für die Weiterbildung übernimmt der Lernende selbst und sucht sich geeignete Formen, Angebote und Inhalte aus.

- Integriert: Verschiedene Weiterbildungsmöglichkeiten werden kombiniert: E-Learning und Präsenzveranstaltungen sowie Trainings und Coaching.

- Kooperativ: Lernen miteinander und voneinander wird ermöglicht, z. B. durch Mentoring[271] oder Erfahrungsgruppen. In Erfahrungsgruppen können sich Führungskräfte z. B. zum Umgang mit dem flexiblen Arbeitsmodell austauschen und voneinander lernen.

- Problemorientiert: Fortbildungsmaßnahmen haben einen Praxisbezug und knüpfen an Erfahrungen an.

Damit die Umsetzung von Entwicklungsmaßnahmen gelingen kann, ist Unterstützung durch die Personalentwicklung gefragt. Sie ist zwar nicht für Führung verantwortlich, kann aber einen großen Beitrag leisten, damit die Führungskräfteentwicklung als fortlaufender Prozess gelingen kann.

6.3 Die Rolle der Personalentwicklung

Ein qualifizierter Personalentwickler kennt die Herausforderungen, denen Führungskräfte sich stellen müssen. Er weiß, was bei einer zukunftsorientierten Führung benötigt wird und weiß um den Umgang mit Mitarbeitern in einem flexiblen Arbeitsumfeld. Personalmanager zu sein, heißt nicht mehr nur als passiver interner Dienstleister zu agieren, sondern Führungskräfte aktiv strategisch zu beraten, damit Führung gelingt und das Unternehmen wettbewerbsfähiger wird. Die Personalentwicklung als solches hat die Aufgabe,

---

[269] Vgl. ebd.: 2010.

[270] Vgl. Erpenbeck/ Sauter 2013: 146.

[271] Mentoring ist im Wesentlichen der Erfahrungs- und Wissenstransfer durch eine erfahrene Person an eine unerfahrene Person.

„Menschen durch Lernen zu befähigen, ihren Beitrag zur Verwirklichung der Unternehmensziele so effektiv wie möglich zu leisten"[272]. Die Hauptaufgabe der Personalentwicklung besteht somit darin, die Mitarbeiter in ihrer persönlichen (Kompetenz-) Entwicklung zu unterstützen.

Wie kann der Personalentwickler nun konkret unterstützen, damit Arbeiten in einem flexiblen Arbeitsmodell gelingt und die Führungskräfte mit den Herausforderungen zurecht kommen? Mit einfachen Seminarangeboten zu Themen wie „Kommunikation" ist es nicht getan. Strategische Personalentwicklung zielt darauf ab, bestehende und erforderliche Kompetenzen zu identifizieren, abzugleichen und daraus einen Bedarf zu entwickeln. Systematische Personalentwicklung ist ein Prozess, bei dem zunächst der Bedarf analysiert wird, anschließend Maßnahmen konzipiert und durchgeführt werden, dabei der Lerntransfer gestaltet werden muss und mit der Evaluation der Maßnahmen abschließt.[273] Die wichtige Rolle der Personalentwicklung ist, dass die Maßnahmen sinnvoll entwickelt und effizient gesteuert werden – alles mit Bezug auf die Unternehmensstrategie.

Der Personalentwickler kann vieles leisten, um eine positive Unternehmensentwicklung mitzugestalten. Er kennt sich mit Führung und Führungskompetenzen gut aus, ist aber nicht dafür verantwortlich. Die Personalentwicklung kann nicht leisten, dass ein Unternehmen von heute auf morgen ein ausgeklügeltes Personalentwicklungssystem hat, durch welches es auf einmal erfolgreich wird. Eine wichtige Voraussetzung, dass Personalentwicklungsmaßnahmen wirksam sein können und dass der Personalentwickler die gestaltende Rolle ausüben kann, ist die Unterstützung des Top-Managements. Es trägt die Verantwortung für die Umsetzung – nicht der Personalentwickler. Auch bezüglich eines flexiblen Arbeitsmodells spielt das Top-Management eine tragende Rolle: Es muss den richtigen Umgang mit flexiblen Arbeitszeiten und Mobile Office vorleben. Wird von oberster Ebene ständige Präsenz erwartet, kann man nicht erwarten, dass die nächste Führungsebene sich an einer Ergebniskultur orientiert. Ebenso verhält es sich mit einer Vertrauenskultur, die für ein Funktionieren eines flexiblen Arbeitsmodells grundlegend ist. Kehrt das Top-Management Fehler unter den Tisch, so fördert

---

[272] Becker 2008: 43.
[273] Vgl. Krämer-Stürzl 2011: 105.

dies nicht das Vertrauen. Eine Kultur, sei es die Ergebnis- oder die Vertrauenskultur, kann nicht plötzlich entstehen. Es sind einige Bemühungen notwendig, damit sich jahrelang Praktiziertes wandeln kann. Die Rolle der Personalentwicklung ist, das Top-Management und alle Führungskräfte beim Wandel und bei der Entwicklung zu unterstützen. Durch das Aufsetzen von Leitfäden (z. B. für Mitarbeitergespräche oder zu Kommunikationsgrundregeln) oder Leitlinien für Führungsgrundsätze können Führungskräfte unterstützt werden, aber für die Umsetzung sind sie selbst verantwortlich. Damit sie die Umsetzung besser bewältigen können, kann die Personalentwicklung wiederum mit passenden Maßnahmen zur Kompetenzentwicklung unterstützen. Indem Personalentwickler als Begleiter von Kompetenzentwicklungsprozessen agieren, können sie einen wichtigen Beitrag zum Unternehmenserfolg beisteuern.

7 Zusammenfassung und Ausblick

Die Flexibilisierungstendenzen in der Arbeitswelt sind bereits seit den 1990er Jahren ein großes Thema. Durch den technischen Fortschritt hat die Flexibilisierung in den letzten Jahren jedoch noch einmal deutlich an Dynamik gewonnen und ist im Zusammenhang mit der Digitalisierung ein hochaktuelles Thema und ein wesentlicher Trend. Regelmäßig erscheinen Artikel und Beiträge in Fachzeitschriften sowie wissenschaftliche Studien, die sich mit der flexibilisierten Arbeitswelt beschäftigen. Unternehmen profitieren durch die Flexibilisierung vor allem von einer erhöhten Motivation und Leistungsbereitschaft der Mitarbeiter sowie den Erhalt der Wettbewerbsfähigkeit und Arbeitgeberattraktivität.

Eine zentrale Frage, die sich aus den Veränderungen ergibt und Gegenstand dieser Arbeit wurde, ist jene nach den Konsequenzen für die Führung. Nach Aufbereitung des Hintergrunds zu Führungsgrundlagen und der Entgrenzung der Arbeit wurde mittels Literaturrecherche und einer qualitativen Befragung herausgearbeitet, dass Führungskräfte vor neuen Herausforderungen stehen. Flexible Arbeitsmodelle, insbesondere variierende Arbeitszeiten und die Nutzung von Mobile Office, führen zu veränderten Anforderungen. Führung in der flexiblen Arbeitswelt ist ein sehr komplexes Thema und verlangt nach Führungskräften, die diese Komplexität überblicken. Es geht nicht mehr um die reine Strukturierung von Aufgaben, wie es im klassischen Führungsverhalten üblich war, sondern darum, dass Kreativität, Flexibilität und Lernen ermöglicht werden.[274] Klassische Führung sowie klassische Hierarchien rücken in den Hintergrund und weichen einer Arbeitskultur, in der Mitarbeiter zunehmend eigenständig arbeiten. Die Führung hat die Aufgabe Prozesse zu optimieren und dafür zu sorgen, dass Mitarbeiter ihr Potenzial bestmöglich entfalten können.

In den Handlungsempfehlungen wurden Kompetenzen aufgezeigt, die nötig sind, um in Zukunft als Führungskraft erfolgreich zu bestehen. Maßgeblich ist eine solide Vertrauensbasis, die Teil der Unternehmenskultur sein muss. Das Top-Management spielt in diesem Zusammenhang in seiner Vorbildfunktion eine große Rolle. Ziel ist ein einheitliches Führungsverständnis im gesamten Unternehmen, in dem alle Führungskräfte einen vertrauensbasierten

---

[274] Vgl. Schwarzmüller/ Brosi/ Welpe 2015: 161.

Führungsstil praktizieren, der mit dem Zulassen von Fehlern im Zusammenhang steht. Ein defizitäres Vertrauensverhältnis wirkt sich sowohl negativ auf den Führungseinfluss, als auch auf die Innovationskraft eines Unternehmens aus und muss unbedingt aufgebaut werden, damit eigenverantwortliches Arbeiten funktionieren kann. Die Selbstverantwortung der Mitarbeiter muss gefordert und gefördert werden. Dabei muss die Führungskraft aber auch darauf achten, dass die Balance zwischen Arbeit und persönlichen Bedürfnissen erhalten bleibt. Bevor neue, flexible Arbeitsmodelle eingeführt werden, sollte die Kompatibilität zur Unternehmenskultur geprüft werden. Es ist wichtig, dass Strukturen vorhanden sind oder entsprechend gründlich geplant werden, damit Mitarbeiter eigenverantwortlich arbeiten können. Im gesamten Führungsprozess spielt darüber hinaus die adäquate Kommunikation und das Vorhandensein von digitaler und Medienkompetenz eine große Rolle.

Führung als solche kann nicht gelehrt werden, aber man kann sich Führungsmethoden und -techniken aneignen, indem man über die Theorien nachdenkt, Erfahrungen sammelt und das eigene Führungsverhalten reflektiert.[275] Verschiedene moderne Führungstheorien, die auf den vier Grundpfeilern Beziehung, System, Partizipation und Sinn basieren, liefern unterschiedliche Ansätze und können alle einen Beitrag leisten, um Aspekte des eigenen Führungsverhaltens zu verbessern. Das in dieser Arbeit dargestellte Konzept der transformationalen Führung bietet eine gute Grundlage, durch das Mitarbeiter zu innovativem Denken und selbstorganisiertem Arbeiten angeregt werden. Damit kann es gelingen, das flexible Arbeitsumfeld effektiver zu gestalten und Mitarbeiter effizient zu führen. Darüber hinaus sollte jede Führungskraft über die vier Dimensionen der Führung Bescheid wissen: Digitalisierung, Diversität, Demokratie und Dynamik. Das 4D-Modell zeigt Gestaltungsdimensionen, die jedes Unternehmen als Anregung nutzen kann und individuell umsetzen sollte. Wichtig ist, dass Grundregeln für die Zusammenarbeit, für die Nutzung von flexiblen Arbeitsformen und für Verantwortungsbereiche definiert werden, damit kein Chaos entsteht und sich jeder innerhalb der Regularien frei bewegen kann. Sowohl Regeln, als auch Freiräume sind wichtig, damit innerhalb eines Rahmens eigenverantwortliches Arbeiten stattfinden kann und keine Über- oder Unterforderung stattfindet.

---

[275] Vgl. Franken 2016: VI.

Worauf es ankommen sollte, sind nicht die Stunden bzw. die Zeit, die Mitarbeiter im Büro verbringen, sondern Ergebnisse und Erfolge, die erzielt werden.

Die Führungskräfteentwicklung zum adäquaten Umgang mit den Anforderungen, die sich aus der zeitlichen und räumlichen Entgrenzung der Arbeit ergeben, ist ein fortlaufender Prozess und kann nicht von heute auf morgen umgesetzt werden. Eine grundlegende Unterstützung kann die Personalentwicklung leisten, indem sie Rahmenbedingungen schafft, damit die Führungskräfte moderne Führung umsetzen können. Wenn es um die Entwicklung von Führungskräften geht, ist von großer Relevanz, dass tatsächlich Kompetenzen entwickelt werden und nicht nur reines Wissen vermittelt wird. Die Ergebnisse dieser Arbeit bieten eine gute Grundlage für erste Denkanstöße für die Konzeption von Entwicklungsprogrammen, welche jedoch individuell auf das jeweilige Unternehmen zugeschnitten werden müssen. In diesem Zusammenhang wären weitere Befragungen, sowohl von Führungskräften verschiedener Führungsebenen, als auch von Mitarbeitern interessant und hilfreich, um das Bild der wahrgenommenen Herausforderungen zu erweitern. Außerdem könnte es spannend sein, die unterschiedlichen Betrachtungsweisen der verschiedenen Generationen tiefergehend zu untersuchen. Abschließend ist zu sagen, dass die Flexibilisierung einige Chancen bietet, die es gilt gewinnbringend zu gestalten.

8 Literaturverzeichnis

Andriessen, J.H.; Vartiainen, M. (2006): Mobile Virtual Work. A new Paradigma? Berlin: Springer.

von Au, C. (2016): Paradigmenwechsel in der Führung: Traditionelle Führungsansätze, Wandel und Leadership heute. In: von Au, C. (Hrsg.): Wirksame und nachhaltige Führungsansätze, S. 1-42. Wiesbaden: Springer.

Ayberk, E.-M. ; Kratzer, L ; Linke, L.-P. (2017): Weil Führung sich ändern muss: Aufgaben und Selbstverständnis in der digitalisierten Welt. Wiesbaden: Springer Gabler.

Bamberg, E.; Busch, C.; Ducki, A. (2003): Stress- und Ressourcenmanagement. Strategien und Methoden für die neue Arbeitswelt. In: Bamberg, E.; Mohr, G.; Rummel, M. (Hrsg.). Praxis der Arbeits- und Organisationspsychologie. Bern: Hans Huber

Bass, B. M., Avolio, B. J. (1999). Training full range leadership . Redwood City: Mind Garden.

Bass, B. M.; Riggio, R. E. (2006): Transformational Leadership. 2. Aufl. London, New York: Psychology Press, Taylor & Francis Group.

Becker, M. (2008): Die neue Rolle der Personalentwicklung. Empirische Befunde und Entwicklungstendenzen. In: Thom, N.; Zaugg, J. (Hrsg.): Moderne Personalentwicklung. Mitarbeiterpotenziale erkennen, entwickeln und fördern. 3. Auflage. S. 42-62. Wiesbaden: Gabler.

Berthel, J. (2013): Personal-Management: Grundzüge für Konzeption betrieblicher Personalarbeit. Stuttgart: Schäffer-Poeschel.

Blake, R. R., & Mouton, J. S. (1964). The new managerial grid: Key orientations for achieving production through people. Houston: Gulf Publishing Company.

Brandstetter, C.; Sander, D. (2016): Leadership for the Common Good. In: Keuper, F.; Sommerlatte, T. (Hrsg.): Vertrauensbasierte Führung: Devise und Forschung. S. 165-178. Berlin: Springer Gabler.

Ciesielski, M.; Schutz, T. (2016): Digitale Führung. Wie die neuen Technologien unsere Zusammenarbeit wertvoller machen. Berlin, Heidelberg: Springer-Gabler.

Comelli, G.; Rosenstiel, L.; Nerdinger, F. (2014): Führung durch Motivation. 5. Auflage. München: Franz Vahlen.

Conrad, P. (2015): Mitarbeiterführung – Grundlagen und Konzepte. Studienbrief PE0710 im Rahmen des Fernstudiengangs Personalentwicklung, TU Kaiserlautern.

Eberl, P.; Möller, M. F. (2016): Zum Stand der führungsbezogenen Vertrauensforschung. In: Keuper, F.; Sommerlatte, T. (Hrsg.): Vertrauensbasierte Führung: Devise und Forschung. S. 73-88. Berlin: Springer Gabler.

Elster, F. (2007): Der Arbeitskraftunternehmer und seine Bildung: Zur (berufs-) pädagogischen Sicht auf die Paradoxien subjektivierter Arbeit. Bielefeld: transcript.

Erpenbeck, J.; Sauter, W. (2010): Kompetenzen erkennen und finden. 1. Auflage. Studienbrief PE0410 im Rahmen des Fernstudiengangs Personalentwicklung, TU Kaiserlautern.

Erpenbeck, J.; Sauter, W. (2013): So werden wir lernen! Kompetenzentwicklung in einer Welt fühlender Computer, kluger Wolken und sinnsuchender Netze. Berlin, Heidelberg: Springer-Gabler.

Feldhaus, C. (2017): Gesundheit als Führungsaufgabe: Gesundes Führen am Beispiel eines Großkonzerns. In: Spieß, B.; Fabisch, N. (Hrsg.): CSR und neue Arbeitswelten: Perspektivwechsel in Zeiten von Nachhaltigkeit, Digitalisierung und Industrie 4.0. S. 415-430. Berlin: Springer Gabler.

Fiedler, F. E. (1967). A theory of leadership effectiveness. New York: McGraw Hill.

Franken, S. (2016): Führen in der Arbeitswelt der Zukunft. Wiesbaden: Springer Gabler.

Furtner, M. (2016): Effektivität der transformationalen Führung. Helden, Visionen und Charisma. Wiesbaden: Springer Gabler.

Furtner, M.; Baldegger, U. (2016): Self-Leadership und Führung. Theorien, Modelle und praktische Umsetzung. 2., überarbeitete und aktualisierte Auflage. Wiesbaden: Springer Gabler.

Gilbert, D. U. (2007): Vertrauen als Gegenstand der ökonomischen Theorie. Ausgewählte theoretische Perspektiven, empirische Einsichten und neue Erkenntnisse. In: Zeitschrift für Management, 2 (1), S. 60–107.

Gläser, J.; Laudel, G. (2010): Experteninterviews und qualitative Inhaltsanalyse. 4. Auflage. Wiesbaden: VS Verlag für Sozialwissenschaften.

Gottschall, K.; Voß, G. (2003): Entgrenzung von Arbeit und Leben – Zur Einleitung In: Gottschall, K.; Voß, G. (Hrsg.): Entgrenzung von Arbeit und Leben. Zum Wandel der Beziehung von Erwerbstätigkeit und Privatsphäre im Alltag. S.11-36. München und Mering: Rainer Hampp.

Grabmeier, S. (2015). New Leadership – Führung in der Arbeitswelt 4.0. Online im Internet: http://innovation-evangelists.com/fileadmin/Dateien/PDF/Artikel/New_Leadership_-_Fuehrung_in_der_Arbeitswelt_4.0.pdf. (Zuletzt zugegriffen am 31.12.2016.)

Hentze, J.; Graf, A. (2005): Personalwirtschaftslehre 2. 7. überarbeitete Auflage. Bern: Haupt.

Hersey, P., & Blanchard, K. H. (1969). Life cycle theory of leadership. Training and Development Journal, 23(2), S. 26 - 34.

Hieber, M. (2016): Das transformationale Führungsstilmodell. Wiesbaden: Springer.

Hinzmann, M.; Krystek, U. (2016): Kommunikation und Vertrauen als wechselseitige Einflussbeziehung in Unternehmenskrisen – Eine Betrachtung der Perspektive interner Stakeholder. In: Keuper, F.; Sommerlatte, T. (Hrsg.): Vertrauensbasierte Führung: Devise und Forschung. S. 143-164. Berlin: Springer Gabler.

Hofmann et al. (2015): Die flexible Führungskraft. Strategien in einer grenzenlosen Arbeitswelt. Gütersloh: Bertelsmann Stiftung.

Hunsaker, P. L.; Hunsaker, J. S. (2008): Virtual teams: A leader's guide. In: Team Performance Management, 14 (1/2), S. 86-101.

Jenner, P. (2015). Wenn Firmen plötzlich „social" werden. Chancen für die Führung im digitalen Zeitalter. In: Fröse, M. W.; Kaudela-Baum, S.; Dievernich, F. E. P. (Hrsg.), Emotion und Intuition in Führung und Organisation. S. 195–209. Wiesbaden: Springer Gabler.

Jung, H. (2011): Personalwirtschaft. 9. aktualisierte und verbesserte Auflage. München: Oldenbourg.

Jürgens, K. (2010): Arbeit und Leben. In: Böhle, F.; Voß, G.; Wachtler, G. (Hrsg.): Handbuch Arbeitssoziologie. S. 483-512. Wiesbaden: VS Verlag für Sozialwissenschaften.

Jürgens, K. (2009): Arbeits- und Lebenskraft. Reproduktion als eigensinnige Grenzziehung. 2. Auflage. Wiesbaden: VS Verlag für Sozialwissenschaften.

Kelliher, C.; Anderson, D. (2010): Doing more with less? Flexible working practices and the intensification of work. In: human relations, 63 (1), S. 83-106.

Keuper, F. (2016): Denkweisen vertrauensbasierter Führung vor dem Hintergrund der digitalen Ökonomie – eine äußerst pragmatische Betrachtung. In: Keuper, F.; Sommerlatte, T. (Hrsg.): Vertrauensbasierte Führung: Devise und Forschung. S. 3-26. Berlin: Springer Gabler.

Kirrmann, M. (1995): Telearbeit bei IBM - Modell für neuartige Formen der Flexibilisierung und Individualisierung der Arbeitszeit? In: Wagner, D. (Hrsg.): Arbeitszeitmodelle. Flexibilisierung und Individualisierung. S. 147-164. Göttingen: Hogrefe.

Klimmer, M.; Salonke, J. (2017): Digital Leadership: Wie Top-Manager in Deutschland den Wandel gestalten. Berlin: Springer Gabler.

Krämer-Stürzl, A. (2011): Aktuelle Entwicklungen in der Personalentwicklung. 4. aktualisierte und überarbeitete Auflage. Studienbrief PE0120 im Rahmen des Fernstudiengangs Personalentwicklung, TU Kaiserlautern.

Kratzer, N.; Menz, W.; Pangert, B. (2015): Work-Life-Balance – auch eine Frage der Leistungspolitik. In: In: Kratzer, N., Menz, W., Pangert, B. (Hrsg.): Work-Life-Balance – eine Frage der Leistungspolitik. S. 57-75. Wiesbaden: Springer.

Krenner, M. (2011): „Ankerlos" - Flexibilisierung der Arbeitswelt und Entgrenzung der Lebenswelt am Beispiel der Leiharbeit in Österreich. Masterarbeit. Universität Wien.

Lang, P. (2013): Web 2.0 in der modernen Arbeitswelt. Entgrenzung der Arbeit – Kontrolle am Arbeitsplatz. Hamburg: Diplomica.

Lewin, K., Lippitt, R., & White, R. K. (1939). Patterns of aggressive behavior in experimentally created social climates. Journal of Science Psychology, 10, S. 271-299.

Minssen, H. (2012): Arbeit in der modernen Gesellschaft. Wiesbaden: Springer.

Neuberger, O. (2002): Führen und führen lassen. Ansätze, Ergebnisse und Kritik der Führungsforschung. 6. völlig neu bearbeitete und erweiterte Auflage. Stuttgart: Lucius & Lucius.

Petry, T.; Schreckenbach, F. (2015): Mehr Training bitte. Personalwirtschaft, 11/2015, S. 62–64.

Queckenstedt, T. (2017): Achtsamkeit im Unternehmenskontext. In: Spieß, B.; Fabisch, N. (Hrsg.): CSR und neue Arbeitswelten: Perspektivwechsel in Zeiten von Nachhaltigkeit, Digitalisierung und Industrie 4.0. S. 303-318. Berlin: Springer Gabler.

Pelz, W. (2016): Transformationale Führung - Forschungsstand und Umsetzung in der Praxis. In: von Au, C. (Hrsg.): Wirksame und nachhaltige Führungsansätze, S. 93-112. Wiesbaden: Springer.

Picot, a.; Neuburger, R. (2013): Arbeit in der digitalen Welt. Zusammenfassung der Ergebnisse der AG1-Projektgruppe anlässlich des IT-Gipfels-Prozesses 2013. Münchner Kreis. Online im Internet: http://www.forschungsnetzwerk.at/downloadpub/arbeit-in-der-digitalen-welt.pdf (zuletzt zugegriffen am 12.11.2016)

Riethmüller, M.; Boos, M. (2011): You did that well! :) The effects of smileys and evaluative language in positive, specific e-mail feedback, poster presented on the 7th Conference of the Media Psychology Division of the DGPs, Bremen.

von Rosenstiel, L. (2014): Grundlagen der Führung. In: von Rosenstiel, L.; Regnet, E.; Domsch, M. (Hrsg.): Führung von Mitarbeitern, 7. Aufl., S. 3-28. Stuttgart: Schäffer-Poeschl.

Sauer, D. (2005): Arbeit im Übergang. Zeitdiagnosen. Hamburg: VSA.

Sauer, D.; Boes, A.; Kratzer, N. (2005): Reorganisation des Unternehmens. In: SOFI et al. (Hrsg.): Berichterstattung zur sozioökonomischen Entwicklung in Deutschland – Arbeit und Lebensweisen, Erster Bericht. S. 232-350. Wiesbaden: VS Verlag für Sozialwissenschaften.

Schimank, U. (2012): Vom "fordistischen" zum "postfordistischen" Kapitalismus. Online im Internet: http://www.bpb.de/politik/grundfragen/deutsche-verhaeltnisse-eine-sozialkunde/137994/vom-fordistischen-zum-postfordistischen-kapitalismus (zugegriffen am 20.11.2016)

Schmidt, G. (2010): Arbeit und Gesellschaft. In: Böhle, F.; Voß, G.; Wachtler, G. (Hrsg.): Handbuch Arbeitssoziologie. S. 127-150. Wiesbaden: VS Verlag für Sozialwissenschaften.

Scholz, C. (2000): Personalmanagement: Informationsorientierte und verhaltens-theoretische Grundlagen. 5. Aufl., München: Vahlen.

Schröder, J. (2008): Der flexible Mensch und sein Leib. Dissertation. Universität Marburg.

Schröder, J. (2009): Besinnung in flexiblen Zeiten: Leibliche Perspektiven auf postmoderne Arbeit. Wiesbaden: VS Verlag.

Schulenburg, N. (2016): Führung einer neuen Generation. Wie die Generation Y führen und geführt werden sollte. Wiesbaden: Springer-Gabler.

Schuler, H. (2004): Lehrbuch Organisationspsychologie. 3. vollständig überarbeitete und ergänzte Aufl. Bern: Hans Huber.

Schwarzmüller, T.; Brosi, P.; Welpe, I. M. (2015): Führung im digitalen Zeitalter. In: Becker, Z.; Knop, C.: Digitales Neuland. S. 155-166. Wiesbaden: Springer.

Seifert, H. (1995): Arbeitnehmerorientierte Arbeitszeitgestaltung: Mehr Beschäftigung, mehr Sozialverträglichkeit und mehr Zeitautonomie. In: Wagner, D. (Hrsg.): Arbeitszeitmodelle. Flexibilisierung und Individualisierung. S. 61-72. Göttingen: Hogrefe.

Senghaas-Knoblock, E. (2008): Wohin driftet die Arbeitswelt. Wiesbaden: VS Verlag für Sozialwissenschaften.

Stoffel, M. (2016): Leadership 4.0 – Unternehmen brauchen ein neues „Betriebssystem". In: von Au, C. (Hrsg.): Wirksame und nachhaltige Führungsansätze, S. 205-223. Wiesbaden: Springer.

von Streit, Anne (2011): Entgrenzter Alltag – Arbeiten ohne Grenzen? Bielefeld: transcript.

Summa, L. (2016): Digitale Führungsintelligenz: „Adapt to win": Wie Führungskräfte sich und ihr Unternehmen fit für die digitale Zukunft machen. Wiesbaden: Springer Gabler.

Taylor, F. W. (1911): Principles of scientific management. New York: Harper.

Vogl, G.; Kratzer, N. (2015): Zuhause – unterwegs – beim Kunden. Wenn Arbeit viele Orte hat. In: Kratzer, N., Menz, W.; Pangert, B. (Hrsg.): Work-Life-Balance – eine Frage der Leistungspolitik. S. 171-191. Wiesbaden: Springer.

Voß, G. (1998): Die Entgrenzung von Arbeit und Arbeitskraft. Eine subjektorientierte Interpretation des Wandels der Arbeit. In: Mitteilungen aus der Arbeitsmarkt- und Berufsforschung, 31, 3. S. 473-487. Stuttgart: Kohlhammer.

Wald, P. (2014): Virtuelle Führung. In: Lang, R.; Rybnikova, I. (Hrsg.): Aktuelle Führungstheorien und -konzepte. S. 355-386. Wiesbaden: Springer Gabler.

Waldeck, K. (2003): Telearbeit in der beruflich-sozialen Rehabilitation von Menschen mit Behinderungen. Berlin, Hamburg, Münster: LIT.

Werther, S. (2014): Geteilte Führung. Wiesbaden: Springer Gabler.

Wilken, D. (2017): Vereinbarkeit von Familie und Beruf: Eine ehrliche Bestandsaufnahme aus Sicht einer Agenturchefin. In: Spieß, B.; Fabisch, N. (Hrsg.): CSR und neue Arbeitswelten: Perspektivwechsel in Zeiten von Nachhaltigkeit, Digitalisierung und Industrie 4.0. S. 253-268. Berlin: Springer Gabler.

Wunderer, R. (2011): Führung und Zusammenarbeit. 9. neu bearbeitete Aufl. Köln: Wolters Kluwer.

9 Anhang

Teil 1: Interviewleitfaden

Einführung und Datenschutzhinweis

Vielen Dank für deine Bereitschaft an diesem Interview teilzunehmen. Wie vorangekündigt, möchte ich dieses Interview im Rahmen meiner Masterarbeit mit dir führen, in der ich mich mit flexiblen Arbeitszeiten und Mobile Office in Bezug auf die Führung beschäftige. Das Interview wird etwa 20-30 Minuten in Anspruch nehmen.

Bevor wir loslegen noch ein kurzer Hinweis zum Datenschutz: Um die Datenauswertung zu vereinfachen würde ich das Interview gerne mitschneiden. Ist das für dich in Ordnung?

Bist du damit einverstanden, dass ich deinen Namen mit Position und Agentur in meiner Arbeit zusammen mit deinen Antworten aufführe?

Fragen

<u>Bestandsaufnahme Serviceplan</u>

1. Kennst du die Bausteine des flexiblen Arbeitsmodells bei Serviceplan?

2. Welche Bausteine des Modells bietest du in deiner Agentur grundsätzlich an?

3. Welche Angebote wurden bisher und in welcher Form von den Mitarbeitern genutzt?

4. Wie schätzt du die Zufriedenheit der Mitarbeiter mit dem Modell ein?

5. Gibt es in deiner Agentur Funktionsbereiche, in denen das Modell besser anwendbar ist als in anderen Bereichen?

6. Welche Empfehlungen für Anpassungen des Arbeitsmodells bei Serviceplan hast du?

<u>Vor- und Nachteile generell</u>

7. Generell gefragt: Welche Vorteile bieten deiner Meinung nach flexible Arbeitszeiten und die Möglichkeit zum Mobile Office aus Mitarbeitersicht?

8. Denkst du, dass es aus Sicht der Mitarbeiter Nachteile gibt?

9. Welche Vorteile bieten flexible Arbeitszeiten und Mobile Office für dich als Führungskraft?

10. Welche Nachteile haben flexible Arbeitszeiten und Mobile Office für dich als Führungskraft?

<u>Neue Anforderungen an die Führung</u>

11. Siehst du durch das neue Arbeitsmodell bei Serviceplan neue Herausforderungen für die Führung und wenn ja welche?

12. Was sind aus deiner Sicht konkret neue Führungsaufgaben, die generell durch flexible Arbeitszeiten und Mobile Office entstehen?

13.a Welche Unterstützung wünscht du dir, um mit den Herausforderungen besser umgehen zu können?

13.b Wie könnte Human Resources euch Führungskräfte durch Personalentwicklungsmaßnahmen (z. B. Schulungen) unterstützen, um mit den Herausforderungen besser umgehen zu können?

14. Mit welchen Maßnahmen könnte Human Resources die Mitarbeiter unterstützen, um den Umgang mit dem neuen Arbeitsmodell zu optimieren?

15. Ich nenne dir nun ein paar Stichworte und ich bitte dich, mir zu sagen, was dir dazu in Bezug auf Führung im Rahmen eines flexiblen Arbeitsmodells einfällt:

- Vertrauen

- Partizipation bzw. Mitentscheidung

- Kommunikation

- Digitale Kompetenz

- Präsenzkultur

- Work-Life-Balance

Abschluss

Hiermit sind wir nun am Ende der Befragung angekommen und ich bedanke mich ganz herzlich für deine Teilnahme. Falls du Interesse an den Ergebnissen meiner Arbeit hast, stelle ich sie dir gerne nach Abschluss zur Verfügung.

Gibt es von deiner Seite noch Fragen?

Teil 2: Transkriptionsregeln

- Es wird Standardorthographie verschriftet.

- Es wird keine literarische Umschrift verwendet (z. B. „bist du" statt „biste").

- Umgangssprache wird in Anführungsstriche gesetzt (z. B. „rumdaddeln")

- Nichtverbale Äußerungen (z. B. husten, lachen) werden nur transkribiert, wenn sie einer Aussage eine andere Bedeutung verleihen.

- Besonderheiten der Antwort (insbesondere mit „Ja" oder „Nein") werden vermerkt (z. B. zögernd).

- Unverständliche Passagen werden gekennzeichnet.

(in Anlehnung an Gläser/ Laudel 2010: 194)